流通・市場・情報

―システムと戦略―

大驛　潤 [著]

創 成 社

まえがき

　元来，労働集約性が高く，各段階で人手を介して，多くの作業が行われてきたのが流通である。その意味で，情報通信技術（ICT：Information and Communication Technology）の進展は，流通にとって，ますますその重要度の比重を増してきている。

　かような中，わが国の経済が大変革期にあり，その一翼を担う流通産業が未曾有の激動の渦中にあることは論をまたない。これら状況を踏まえ，現在この暗雲垂れ込める流通産業の状況を打破することが喫緊の課題となっている。

　そこで本書は，飛躍的な発展を続けているICTの現在そして未来を，「流通システムの変容」という文脈を踏まえて論じたものである。さらに，変容を止めない流通システムは，ある意味，「円環システム」に転化していると捉え，そこには本書の主張である「バリュー・ネットワークの組換え」をはじめ，さまざまな法則と見地を見出す。

　本書の肝は，「脱・伝統的流通」を基盤としたマーケティング・システムの方途に関する理論的枠組みの提示にある。換言すれば，ICTによる既存流通システム（たとえば垂直的統合）のアンバンドリングの下，システムを再構築するということである。本書の視点でいえば，流通を情報機能に落とし込むということでもある。流通を情報機能に落とし込むということは，システム論に立脚して，「情報処理」と「情報創造」の視点から，情報収集・解釈と情報加工・発信を踏まえたマーケティング・システム設計の枠組みが必要となろう。

　ICTの発展著しい将来においては，伝統的な流通の理解となる「メーカーから消費者までのモノの流れ」を設計することによって，将来の流通の発展を描くのではない。むしろマーケティング・システム内部の「価値」（バリュー）設計の再構築の観点から戦略的適応が必要となる。

本書は，かような問題意識に立脚して，昨今，起こっている流通の変容について理論的に分析し，それが企業のICT活用の実践，あるいは顧客の消費行動に対して持ち得る含意と可能性を検討する。具体的には，「価値（バリュー）の組換え」というパースペクティブに立脚し，新たな流通システム論を提出する。そこにおいては，理論のための理論を展開することが最終目的なのではない。ICT革新の中，「オムニ・チャネル」等，従来見られなかった局面を迎えつつある流通システムの展開に直面し，その現実と手を携えていく知の実践の土台作りとして，本書での理論は位置づけられるべきものである。

　その意味で，常にマーケティング論では，新しい現象の理論化が試みられており，研究領域も広がっている。流通という対象分野では，現在まさにマーケティング・システム論とその隣接諸分野が，ICTの革新に伴うダイナミズムを包摂しており，企業や顧客の消費行動と密接に携わる事象はさまざまな転換を経験しつつある。今後も，ICT革新と流通に関するマーケティング・システム研究は，さらなる発展と理論化が早急に進められるであろう。

　最後に，編集作業の過程で原稿の細かな点にまで目を配っていただいた創成社代表の塚田尚寛氏および西田徹氏に，心から感謝の意を表明したい。本当にありがとうございました。また，諸先生・先輩・同僚から多くの啓発や激励をいただいた，この場をかりて御礼申し上げる。

2018年1月

大驛　潤

目　次

まえがき

第1章　序　論：マーケティング・システム論の再検討 ── 1
第1節　情報化の概要 …………………………………………… 1
第2節　本書の分析枠組みと目的 ……………………………… 6
第3節　本書の構成 ………………………………………………15

第2章　マーケティング・システム研究の類型 ─────── 22
第1節　実証主義の展開と課題 …………………………………22
第2節　マーケティング・システム研究の類型 ………………24
第3節　マーケティング・システム研究の鳥瞰図 ……………29

第3章　先行研究と円環型流通チャネル ─────────── 36
第1節　マーケティングとは ……………………………………36
第2節　流通システムの先行研究 ………………………………40
第3節　ICTと流通システムの先行研究：チャネル論の最前線 …52
第4節　円環型流通システム：オムニチャネル論を超えて ……59
第5節　転換期のマーケティング ………………………………77

第4章　現代マーケティングとAldersonのチャネル・システム理論の再検討─組織化された行動システム─ ─ 84
第1節　新制度派経済学の台頭 …………………………………85
第2節　Aldersonのマーケティング理論 ………………………87
第3節　Aldersonのマーケティング理論の再検討 ……………96

第5章　動的取引コスト論 ── 112
- 第1節　Williamson の取引コスト構造 …………… 112
- 第2節　Langlois の動的取引コスト論 …………… 117
- 第3節　仲介業者モデル …………………………… 127
- 第4節　マーケティングにおける動的取引コスト論 ……… 132

第6章　脱・既存流通システム ── 137
- 第1節　システムの構造と転換 …………………… 137
- 第2節　システム構成の再編 ……………………… 141
- 第3節　製造小売のグローバル垂直統合 ………… 143
- 第4節　動的取引コストと持続的競争優位性 …… 151

第7章　コンテンツ産業の戦略 ── 155
- 第1節　ゲーム産業の競争力 ……………………… 155
- 第2節　Supercell 型ソーシャル・ゲーム産業の
  マーケティング・モデル ………………… 159
- 第3節　任天堂の垂直統合 ………………………… 168
- 第4節　結に代えて ………………………………… 176

第8章　結論と今後の課題 ── 178
- 第1節　結　論 ……………………………………… 178
- 第2節　今後の課題 ………………………………… 181

あとがき：IoT から IoA へ　183

第1章
序　論：マーケティング・システム論の再検討

　マーケティング・システムの理論的検討のまえに，まず必要な範囲で情報化とマーケティング・システムの実態についての考察を踏まえておくことにしたい。

　周知のように近時，産業の構造変化が強く認識されてきており，とりわけ情報化という側面が強調されている。ここにいう情報化とは，インターネット普及後のその深化に伴うICT革新のことで，今世紀最初の20年間における社会科学の議論を彩った，最も流通した概念および現実の一つであり，今後20年においてもそれの持つ意味は，ますます重要性を増していくに違いない。

　このような今日のICT革新は，グローバル化と緊密に手を携え，アンバンドリングの奔流を包摂しつつ進行している。マーケティング・システムの見地からいえば，アンバンドリング後のシステムの再編・再構築が急務となっている。情報量の飛躍的な増大と情報伝達コストの大幅な低下に特徴づけられるその様状とマーケティング・システムとの関係を，技術決定論に陥ることなく，詳細に記述することは，今日の社会科学に課せられた枢要な課題の一つである。

第1節　情報化の概要

　21世紀の今後は，情報を核とする新たな経済の段階と予測されている。マーケティング・マネジメント論の第一人者であるKotlerは，Kotler［2017］に

おいて，マーケティングからホリスティック・マーケティングへの変革を示唆する[1]。ホリスティック・マーケティングとは，「スマートフォンの進展を受けてマーケティング・システムが理論・実践ともに，より広い概念へと拡張したこと」を示すものである。これにより，企業・消費者・事業パートナーそして3つのO，自分自身（own），他者（other），外的要因（outer）が，情報ネットワークを介して相互作用し合い，ダイナミックで包括的なマーケティングを展開するとされる。ホリスティック・マーケティングでは，「価値」（バリュー）と「自己実現」の探求・創発・提供が一体に進められ，カスタマージャーニーに対応し主要な企業間で関係形成が促されるとする。

また消費行動AIDAが，5A（Aware, Appeal, Ask, Act, Adovocate）へ変化すると述べている。

Kotler［2017］の指摘を踏まえ，現在の情報化の進行を受容するのであれば，そこで枢要となるのは，ここまでの過去の情報化のプロセスと現状である。具体的に，情報産業を例に言及する。

まず，日本の情報化において，1990年代に起こったのは，PC（Personal Computer）の性能が上がって，1970-1980年代に億単位であった大型コンピュータが，同性能で10万円単位で買えるコモディティ品になるという革命であった。日本でも，第5世代コンピュータ（官民共同プロジェクト）が570億円の国費を投じて実施され，日本独自の技術（日本語を理解できる大型コンピュータ）を開発しようという観点からハードを作ったが，ソフトが実用にならないまま終わった。

Christensen［2001］では，低ランクの製品がオーバースペックの高級機にとってかわる現象を「破壊的イノベーション」と称したが，PCはその典型であった。そして，おそらくその意味に気づいていた一つが，MS（Microsoft）であった。PCの収益構造を決めるボトルネックはOS（Operation System）であると，この時代に気づいていたからこそ，それを支配することによって，情報産業に影響力を持った。

他方，ウィンドウズ上のアプリは同OS上で競争するために，同じ機能を持

つソフトを開発することが簡易なので，コモディティ化してしまう。「一太郎」（Just Systems）という日本版老舗ソフトの日本語機能を MS が模倣し，1995 年発売の MS ワードによって代替可能なコモディティ品としたのは，またもこれを理解していた MS であった。

　しかし，ネットで何でもできるようになると，消費者はブラウザでウェブ上のアプリを使用するようになるので，ブラウザさえあれば事足りる。そのため OS は用無しで，OS はただ単に，本体と周辺機器をつなぐディバイスになり下がってしまった。日本のポータルサイトも Google 登場後，検索サイトに代替されていった。また，同じく日本のビデオレンタルもネットフリックス等のストリーミング配信により駆逐される傾向に現在ある。

　当時の日本製 PC においては，1993 年 DOS／V（IBM 互換の日本語使用が標準化）が発売されて以降，自社で部品を生産できる国内メーカーはなく，その後，日本製 PC は，(東芝のノート型 Dynabook を除き）世界市場で，2003 年，生産中止となった（NEC PC98 受注生産中止）。

　その後，ガラパゴス携帯で同じ道を歩くことになる。なぜ，このようなことになったのであろうか。

　この第 1 の原因は，第二世代携帯電話の標準化の際に，日本が PDC という NTT 規格に統一したことである。第 2 の原因は，日本の携帯電話産業が系列構造のマーケティング・システムになっていたことにある。

　このマーケティング・システムのため，NTT ドコモにいわれた通り，メーカーは，過剰品質の端末を開発する下請けになり，自主開発力は無になった。このような中，当然 iPhone のような独創的な機種が生まれるはずはない。コスト意識が薄れ，海外の市場で通用しない高価格オーバースペック品ばかり開発されるようになった。

　このように日本という世界第 2 の市場に定住し，日本語の壁に守られ「日の丸標準」に安住しているうちに，ネット上の書籍（Amazon）や音楽（Apple）以外にも，日本語大型コンピュータ，日本語版ソフトウェア，OS，ポータルサイト，ビデオレンタル，日本製 PC，携帯などの分野で，世界の市場から取

り残されることになった。

　かつて日本のメーカーは，機械を細かく組み合わせ，製品をつくることに優位性を発揮した。しかし今，iPhone を開くと，プリント基盤がのっているのみである。そうした製品をつくる際，日本が優位性を発揮してきた系列構造（マーケティング・システム）は必要とせず，中国などが安価な単純作業としてグローバル分業を担っている。

　そうなれば，もはや日本の得意な系列構造によってつくる必要はない。枢要なのは，基板の設計を的確にすることである。最もコストがかかるのが基盤設計で，基板一つが何百億円といわれている。しかしながら，プリント基盤さえ作れれば，あとは当然ほとんどコストを必要とせず，多くのプリント基盤を印刷し，多数販売することが枢要になる。それが何を意味するのか。

　この点，日本企業の業績が落ち込んでいる根幹的な問題である。日本の技術力が優れている，日本のモノづくりに優位性があるのは以前の話で，今の構造には合致していない。すでに構造自体がまったく変わってしまっているからである。

　上記をふまえると，そこで将来の情報化において重要となるのは，以下３つの原理である。

　第１に，「情報の非対称性の是正」である。従来は，情報の非対称性が大きいほど利益が出る仕組みであった。しかし，この是正により，消費者は川上だけではなく，他の消費者や購買エージェントから口コミを含む情報を入手し，意思決定することになった。これに対応した新たなシステムの編成が求められている。

　第２に，「認知限界」である。消費者は，実際，衝動買いや，言われたモノをそのまま消費するケースが多い[2]。大量情報を消費者が入手するほどに，情報過多となり処理不能となる。ここに認知限界の問題が浮揚する。これをビジネスにつなげるものが，購買エージェントの概念である。川上から流れてくる情報の認知限界を，購買代理などで代替して処理するシステムである。

　第３は，情報とメディアが「アンバンドル」したことで，情報の価格構造が表面化したことが挙げられる。既存の物理的財は，変動費はかかるが交換する

と所有権が移転するため，価格メカニズムが機能していた。しかし，情報財が主となる経済では，従来のような希少性・所有権に基づく競争原理が必ずしも成し得ず，共創・シェア型の経済に転換する可能性が高い[3]。そこでは「非営利の原理」も踏まえた競争を考える必要性が顕現してきている[4]。

これら3つの原理が，さまざまな「価値」を，従来にないものとして新結合させ，新しい価値を生み出すシステムを構築する源泉となってくる。加えて不可避なのが，上記原理を表出させた3つの領域の展開であろう。

通常，ディバイス（device），情報内容（contents）および流通（distribution）の3つの領域において，著しい技術革新が生じたことが，ICTの進展の背景とされている。その要諦を具体的にまとめてみると，ほぼ以下の局面から捉えることができる。

第1に，ディバイスとして，モバイル（スマートフォン等）の低価格化と共に，CPU（Central Processing Unit：中央演算処理装置）などハードの高性能化による，操作性・汎用性向上の実現がある。ここでは，著しい技術革新が，スマホを中心に生まれていることが指摘できよう。スマホはあらゆるものにコンピュータの機能が内包されるI to A（Internet of Ability）時代の扉を開いた道具と言える。情報伝達のみならず，個人レベルでサービス・製品提供者となり，利益を得る機会を飛躍的に増加させた。

次に第2としては，情報内容がデジタルという同表現形式で処理されるようになり，テキスト・音声・図形・カラー動画など情報の多面的提供が可能になった点がある。

そして第3に，通信技術の向上によるネットワーク化の進展があり，その代表的な例として，Line等，SNS（Social Networking Service）の急速な普及が挙げられる[5]。これによりSNSは質の高いコミュニケーションを可能とすると共に，効率的な情報の「流通チャネル」を形成し，多様な動的情報を個人発信レベルでも簡易に相互伝送可能となった。

このような3つの局面から考えると，各ディバイスの低価格化がその普及を促し，その性能向上が情報の「生産手段」を提供し，SNSがその情報の「流

通手段」を提供したものと考えられる．換言すれば，情報の量・質と情報の生産・流通，双方に変化が起き，それにより多様な主体が多種多様の情報を入手・消費し，付加価値を供し，広く相互発信することが可能になったのが現在である．

これらが高度情報化へと発展したのは，もちろん技術レベルだけでなく，「組合せの経済（economy of scale）」が働き，また「スピードの経済（economy of speed）」「ネットワークの経済（economy of network）」もそれに伴い動き出したことによる．

第2節　本書の分析枠組みと目的

2.1　マーケティング・システムの定義

マーケティング・システムは，人々の協働を通じて，消費者という人々に価値を提供するシステムである．このマーケティング・システムは，実務家がサプライチェーン，ビジネスシステムと呼ぶことも多い．実務家には，サプライチェーンという用語の方が馴染み深いかもしれない．サプライチェーンは，業種等の個別のコンテクストから切り離された使用が多い．他方，マーケティング・システムは，個別企業のおかれたコンテクストを歴史的経路依存的に理解し，設計の帰結としてのシステムを包括的に，ないしマクロマーケティング的にも説明しようとする．

本稿であえてマーケティング・システムという用語を使用するのには理由がある．流通・マーケティングの分野では，これまで，Bucklin［1970］の『垂直的マーケティング・システム』や，矢作敏行・吉田健二・小川孔輔［1993］『生販統合マーケティング・システム』，村松潤一編［2010］『顧客起点のマーケティング・システム』など，事業の制度的枠組みや協働のしくみを総括したものをマーケティング・システム（流通機構を軸とした拡張概念）と呼ぶ慣行があったからである．

現在，製販同盟，生販統合，製造小売業（SPA），新たな製造小売業（新

SPA）等，生産と流通の融合化が激しい。単なる流通システムだけでなく，戦略的マーケティングの視点から，流通の新しい機能としてその融合化を含めた価値提供のシステムを，本書ではマーケティング・システムとする。

マーケティング・システムはじつに多様である。これまで，マーケティング・システムはおのおのの時代の社会的要請と，その時代に利用可能な技術を組み合わせることで，生み出されてきた。

たとえば日本は，戦前，問屋（卸売業者）の力が強かったが，1950年代には，新しいマーケティング・システムが構築された。資生堂のチェーン制度がつくられ，松下電器の販売店制度が確立した。周知の通り，メーカー主導による流通の系列化をもとにしたマーケティング・システムである。

1960年代に入ると，小売業が軸となって，主導権を発揮し，本社集中仕入と大規模なチェーン・システムのマーケティング・システムが完成した。

同じ流通業であっても，スーパーと百貨店ではマーケティング・システムが大きく異なってくる。売残リスクを負担する代わりに，安価仕入を可能とするスーパーのマーケティング・システムに対し，百貨店はメーカーや卸業者の製品を販売はするが，売残は返品というマーケティング・システムである。このシステムは，百貨店にとってメリットがあるのみでなく，メーカーや卸業者側にもメリットがある。低価格で売られ，製品やブランドイメージが低下するのを防げるからである。

このように，産業によってマーケティング・システムは大きく異なることになる。当然，そのマーケティング・システムも，時の経過と共に，その優位性が摩耗する。より長いスパーンで栄枯盛衰が存在しているのである。

たとえば日本の立場から，未来の乗り物と想定されている電気自動車のマーケティング・システムについて検討してみよう。電気自動車を作ることだけであれば，それは実は簡易になっており，エンジン車の生産のための部品数と比較しても驚くほど少なく，すでに，限られたモジュールの組換えで，PC同様，容易に組立て可能となっている。あとは新たなマーケティング・システムの構築である。

新しいマーケティング・システムの構築により，電気自動車が普及すると，既存自動車メーカーのみでなく，当然，「グーグルカー」をつくっているグーグルをはじめ世界各国の電気メーカー等，さまざまな競合他者の参入も容易となる。たとえば，2018年現在の上海（中国）のバイク事情を知っているであろうか。

排気ガス等の対策目的の厳格な規制が上海においては設けられ，迅速にマーケティング・システムを構築した電動バイク会社の電動バイクしか，すでに上海では走っていない。未来的な乗り物と日本では想定していたが，今現在，上海では電動バイクしかなく，バイクといえば電動バイクのことである。

俯瞰した見地から将来を予測した場合，日本企業のICT産業での失敗はもちろん，液晶画面やカメラの画素数競争にこだわって，グローバル競争から取り残された日本企業を思い起こすのはわれわれだけであろうか。現在，中国で普及している電動バイクメーカーがグーグルと競合し，将来，世界市場に自動車で進出して新たなマーケティング・システムを作り，グローバル市場を制覇する未来図が見えないであろうか。

われわれの胸には過去，「2輪バイクの企業が4輪自動車で成功することは絶対ありえない」といわれた企業が4輪車をつくり，世界に広く進出し成功した例を一つだけ知っている。「ホンダ」である[6]。

現在，日本では，ハイブリッドカーに力を注いでいるが，仮に「将来の絵図」を見誤ったマーケティング・システムを構築してしまうと，足元をすくわれるかもしれない。

2.2 既存の分析枠組み

本書は，「動的取引コスト論」を流通システムを説明する論理とするが，ここでは，流通を基盤とした再編に関して枠組みを提示する。

ここで取り上げる流通の問題に関するマーケティング・システムの分析枠組みは，最近急速な進歩を見せている。本題に入る前にまず，この分野の背景について述べたい。伝統的な戦略理論の主要な分析対象は，戦略的マーケティング研究者が「マーケティング・システム」という視点から想像するよりは，は

るかに狭い範囲のものであった。

　典型的な例として，Ansoff［1965］による「Ansoff Matrix」について考えてみよう。この考え方は，もともと，マーケットとして「誰を」対象にするべきなのか，あるいは「何を」対象とするべきなのかという戦略論での論争の中から出てきたものである（Minzberg［1998］）。伝統的な戦略論の考え方は，「誰に・何を」にかかわる議論から出発していると言っても過言ではないかもしれない。もちろん，流通メカニズムに関連したものとして組織間関係の問題も分析された。しかし，いずれにしても，分析の中心はつねに「誰に・何を」のメカニズムにあった。

　ところが現実の戦略的マーケティングをみると，伝統的な戦略論が描いているような理論と，かなり性格の違うものが見受けられる。伝統的戦略論では，「どうやって」は，戦略を遂行する戦術であり，トップ・マネジメントが決める戦略ではなく，ミドルの仕事となる（Minzberg［1998］）。しかし現実の戦略的マーケティングの視点では，「どうやって」をトップが担うことが肝要となる（Akhter［2005］）。つまり，トップが「誰に」「何を」「どうやって」まで一貫した仕組みを担う。これが戦略論と戦略的マーケティング論を分かつ枢要な違いである。

　「誰に：価値の提供を受ける人」「何を：価値」「どうやって：価値創造」，以上3つによって提供される「価値」に，消費者は対価を支払い，その価値を享受する。この3つを組み合わせれば，価値は変化していく。

　上記Ansoff［1965］の2次元マトリックスを，さらに3次元化し，「HOW」（どうやって）を付け加えたのは，経営学者ではなく，マーケティング研究者Aakerであった（図表1-1）。もっとも，Minzbergは，Ansoffを，経営学におけるプランニング・スクールのグル（権威）として位置付けている。

　マーケティング研究者Aakerは，上記のAnsoff［1965］の2次元マトリックスに，以下の一つの軸となる「HOW」（どうやって）を付け加え，3次元とした（Aaker［1984］）。

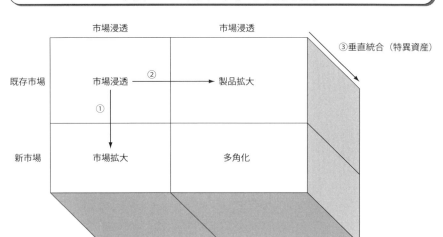

図表1-1 成長—市場による成長方向

出所:Aaker [1984] を加筆修正。

・垂直的統合といった特異資産[7]

　では、今後の企業のマーケティング・システムを検討し得るフレームワークは、Aaker [1984] のこのマトリックスによる説明ロジックで、こと足りるのであろうか。

　現在、問題となっているのは、ICTが既存のマーケティング・システムを崩壊し、これを改変する上で、「アンバンドリング」と呼ばれている流通現象が重要な役目を担っているということである。このアンバンドリングという専門用語は「バンドル」(bundle)、すなわち「束」という意味からきている。すべての企業が内部に抱えている多様な機能の集まりを、束、つまりバンドルと呼ぶ。その機能の束がバラバラに散乱する現象を、アンバンドリング(束の解体)と称する。

　これまで垂直的統合(バンドリング)されていたものが、ICTにより解体(アンバンドリング)されると[8]、今度は、それを解釈し、再編・再構築する必要性

が出てくる。再編・再構築は，「誰に：価値の提供を受ける人」「何を：根幹的価値」「どうやって：価値創造」を既存のマーケティング・システムから変革することにある。

しかし，Aaker［1984］のマトリックスはあくまで多角化の一環として成長戦略を考えていくフレームワークとしての「垂直的統合」の提示である[9]。改変の中身や改変の方法，すなわちマーケティング・システムの変更を伴うオプション抽出に，Aaker［1984］が活用可能であるかと考えると，そこまで具体的ではなく，心もとない。

既存マーケティング・システムを変更するようなマーケティング・システムのオプションを考えるには，別のフレームワークを組み合せたりして，フレームワーク自体を，新たにオリジナルで再構築する必要があろう。

2.3　本書の枠組みと価値の組換え

マーケティング・システムは，仕組みであり，事業の競争優位を実現するものである。では，競争優位をもたらす具体的な仕組みは事業のどこに存在し，どのように機能しているのか。仕組みの構成要素の種類にいくつかのパターンが存在するのであれば，その種類と機能を特定することが，仕組みを観察する第一歩となる。仕組みが存在する「場所」を特定できれば，その仕組みについて詳しく検討することができるし，実際，その仕組みを収集分類し，別の事業に援用していくことも可能となろう。

本書におけるマーケティング・システムの分析枠組みとして，まず，アンバンドリングされた「機能」を「価値」と概念的に捉え直し，次に，図表1－1の3軸目である③に，Klein=Rosenberg［1986］の連鎖モデル（図表1－2）をプロットする。仕組みが存在する場所は③となる。

この一連のプロセスをモデル化して説明する試みは数多くなされてきたが，その最もシンプルな既存モデルは「リニア・モデル」（Linear Model）として知られている。既存のリニア・モデルは，開発，生産，出荷，マーケティングに至る時間に沿った継起的な段階として理解する。現実のプロセスが，このモデ

ルの示唆するとおりなら，企業は巨額の研究投資さえ行えば良いことになる。しかしながら，実際，巨額の研究投資を行った企業が，競争優位を確保できるとは限らない。これは，実際のプロセスが既存のリニア・モデルの想定よりもはるかに複雑であることを示唆している。

Kline=Rosenberg［1986］では，既存のリニア・モデルを批判し，図表1－2に示す「連鎖モデル」（Chain-Linked Model）を提唱した。連鎖モデルは，研究，知識と，業務プロセスのフローを表す3つの階層からなっている。潜在的な市場を発見し，そのニーズにこたえるための製品を生産し，流通・販売させるまでの業務プロセスは，単純に時間に沿って段階的に遂行されるのではなく，しばしばある段階で生じた問題を解決するために，前の段階に情報がフィードバックされる。

段階的な連鎖をC，フィードバックの経路をfまたはFによって，この図表1－2は描いている。加えて，ある段階で生じた問題を解決するためには，既存の知識が参照されるが，既存の知識で解決できない場合には，その問題は研究課題となる。この経路は，K-Rによって表されている。科学研究の成果がまれに急速なイノベーションを引き起こしたり（D），イノベーションの産物である計測機器，工作機械などが科学研究を推進する場合もある（S）。

多様なフィードバック・ループが存在することにより，連鎖モデルは，プロセスの各段階が複雑な相互関係を持っている様子を図式化している。リニア・モデルの想定とは異なり，研究に限らず，製品内発やビジネスプランニング等さまざまな段階が出発点になり得ることを示していることが，この図式が示唆する一つの重要なポイントである。また，研究と業務プロセスのフローの間に，それらの活動によって蓄積されるストックとしての知識の階層を明示している点も，このモデルの特徴である。

価値生産のプロセス自体が質的に変化するメカニズムを，包括的に理解するための枠組みを，連鎖モデルは提供している。しかしながら，本書が扱うマーケティング・システムの全体像を把握する上で，このモデルにも，不十分な点がある。このモデルの図式には，個々の活動の間に存在するフィードバックな

図表 1 − 2 　連鎖モデル

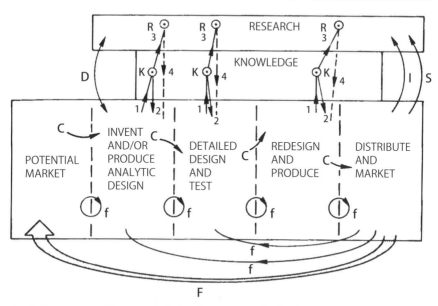

Symbols on arrows: **C** = central-chain-of-innovation; **f** = feedback loops; **F** = particularly important feedback.

K–R: Links through knowledge to research and return paths. If problem solved at node K, link 3 to R not activated. Return from research (link 4) is problematic—therefore dashed line.
　D: Direct link to and from research from problems in invention and design.
　I: Support of scientific research by instruments, machines, tools, and procedures of technology.
　S: Support of research in sciences underlying product area to gain information directly and by monitoring outside work. The information obtained may apply anywhere along the chain.

出所：Klein=Rosenberg［1986］.

いし機能間のインタラクション（相互作用）が詳細に描き込まれているが、それを狙う活動や機能が、この Klein=Rosenberg［1986］の連鎖モデルでは現行にはそぐわない点がある。そのため、戦略的マーケティングの視点から、追加・修正したパターンが、状況に合わせて、各々プロットされる（図表 1 − 3）。

Ansoff Matrix を支えるのが価値ネットワークである。この価値ネットワークは，仕組みであり，事業の競争優位を実現するものである。競争優位をもたらす具体的な仕組みが，事業のどこに存在し，事業でどのように機能しているのか，これでわかる。価値ネットワークには，上記パターンが，基盤として存在する。そこではこのパターンと機能を特定した。仕組みが存在する場所が特定できれば，今度はその構成要素の組換えによる「価値創造パターン」を考えなければならない。製造業（maker）では，製品計画（product planning）から活

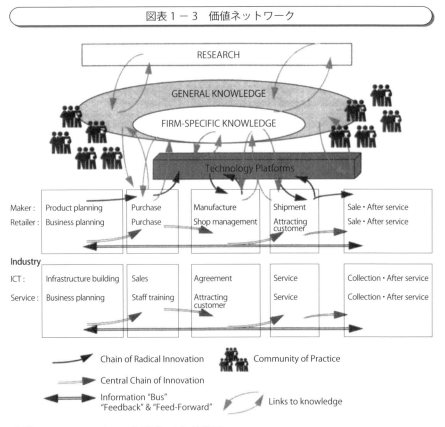

図表1－3　価値ネットワーク

出所：Klein=Rosenberg［1986］を加筆修正。

動がスタートしているが，他方ICT産業やサービス産業では，ビジネスの内容が違うので，当然，価値ネットワークも異なり，たとえば図表1－3の下部のように表せる。

　最後に，マーケティング・システムの「価値創造」のために価値の構成要素の「組換え」の基準を示しておく。本書では，Kim and Moborgne［2005］の4つのブルー・オーシャン基準[10]を採択する。すなわち，バンドリング（垂直統合ないし水平統合）以外として，(1)「取り除いて別の要素を入れる」，(2)「減らす」，(3)「新たに付け加える」，(4)「増やす」である。マーケティング・システムの観点から，(1)～(3)を換言すれば(1)置換・代替（第6章　ユニクロ），(2)ダイレクト（第3章　円環型流通システム）[11]，(3)プラットフォーム（第7章　DeNA），となる。

　これにより，事業自体を動かしている仕組みについて，いくつかのモジュール，つまり，部分的な仕組みに分けて理解可能となった。これにより次段階として，その内部の「組換え」による改変が可能となる鳥瞰図が描けることになった。これが本書のマーケティング・システム再編の枠組みとなる。

第3節　本書の構成

　マーケティング研究が，ますます専門的に細分化され全体像を見失いがちになっている現在，本書は，マーケティングの「理論」を正面から見据えながらも，周辺隣接諸科学の発展を積極的に吸収し，それらに基づいて，整合的に統合しようとするところに特徴がある。つまるところ，それが流通システムの実証的分析に向けて持ちうる含意を見積もる。とりわけマーケティング・システムの分析について，理論的に基礎づけることを射程に入れて考察する[12]。

　本書は8章立てとなっている。その概要を簡単にまとめておきたい。
　まず本章では，これまでみてきたように，序論として，本書全体の論理の雛型を提示するとともに，以下で本書の構成を概観する。

次に，第2章では，マーケティング・システムに関する従来の主要学説および接近方法についてその概要を説明する。現在，インターネットを嚆矢としたICTの進展のスピードは極めて速く，流通・マーケティングへの影響は大きい[13]。そのため，その変化を捉えた理論も多様化してきている。したがって，これまでの理論の対象範囲を見直すと同時に，さまざまな領域でこれまでの理論の構築方法を抜本的に刷新していくことが，今後，早急に求められてくるであろう。そのための現在位置の確認として，既存学説の対象と分析手法について，今一度，古典と呼ばれる土台のしっかりした概念の視点と接近方法を押さえる。今後の流通・マーケティングの方途に関して，道筋を立てて考えるための鳥瞰図を示す土台の章である。

　そして，第3章では，流通論の先行研究の後，ICTと流通システムに関する本書の主張を示す。それは，開始して間もないと思われている「オムニチャネル」が，ここ数年でマーケティング・システム論の中心になっていくと捉えることにある。既存のオムニチャネルへの研究アプローチに対し，ICTと流通システムの関係についての本書の独自の立場の1つ，すなわち「円環システム」に基づく立脚点として，われわれが依拠するその流通システム概念とはいかなるものであるかを，「情報」の立論に即して明らかにする。これが「価値の組換え」としての＜ダイレクト＞となる。

　続く第4章では，Aldersonの「チャネル・システム論」について検討する。焦点は，Aldersonの研究成果が，一般マクロ理論としてのみでなく，マーケティングの個別的理論としても有益な点があるという視点にある。基本的に，取引コスト論以前に，Aldersonは「市場取引にはコストがかかるゆえに，取引がより組織化された形態の選択がなされる」，主旨を指摘している。本稿において，Aldersonの考え方とその応用は，その後の垂直的統合，流通系列化を典型とするマーケティング・システムにどのような影響を与えるのかを明らかにする上で，重要な示唆を与えてくれる。

　また第5章では，ICTと流通チャネルの分析に関連して「取引コスト」に関する接近方法が蓄積してきた理論の中でそれらを検討する[14]。Aldersonの

理論考察を踏まえ，Coase, Williamson, Langlois and Robertson と続く取引コスト原理の考え方を振り返りつつ，「動的取引コスト」の知見をマーケティング・システムに援用することで，その説明を試みる。第1節では，Coase, Williamson により確立された取引コスト節約原理について，第4章に続いて簡単に振り返り，第2節では，マーケティング・システムを Langlois and Robertson の動的取引費用論に基づいて示し，第3節では，Spulber の「仲介業者論」を例に，仲介業者の優位性が高まる理由について考えていく。最後の第4節で，動的取引論の理論的考察を行い，理論的堅固性を確認する。

　第6章で取り上げるテーマは，これまでの ICT と流通チャネルの考察から導かれた「流通システムの再編」，つまり「システム転換」と「システム構成価値の組換え」の問題である。流通システムの再構築は，自社製品を最終消費者に届ける価値ネットワークの方式を再編するために，価値の組換えを行うことで，「提供価値」を変化させるものである。提供価値を受容する消費者の支持を得て，持続競争優位は得られる。マーケティング・システムにおいて，システムの転換における「価値の組換え」が持つ競争上の意義について，本研究に則して，若干の見解を述べる。そこで留意すべきは，「ブルー・オーシャン基準」である。これが「価値の組換え」としての＜置換・代替＞となる。

　第7章では，「プラットフォーム」と「垂直的統合」に関して，ゲーム産業の例を踏まえて検討する。システムの構築として，価値ネットワークを再編する方法は，ブルー・オーシャン基準によると「置換・代替」「ダイレクト」の2つに留まるものではない。垂直的統合は当然として，「プラットフォーム化」は，その最たるものである。ここでは「提供価値」を変化させるものとして，DeNA の＜プラットフォーム＞に関して考察する。その後，本来，価値ネットワーク構築上の要衝，スタンダードである「垂直的統合」の構築について考察する。

　最後の第8章においては，本書の結論を示すとともに，ICT の革新の中，今後の研究における課題を論ずる。

【注】
1）Kotler［2017］では，自己実現とホーリズムの重要性を説く。
2）消費者の購買行動がたとえ，オムニチャネル型に移行したとしても，購買動機の恣意性（ある商品を購入した理由を上手く説明できない性質）と回顧性（商品の使用経験を重ねることによって，次第に購買を納得していく性質）について考察しておくことは重要である。石井淳藏［1993］『マーケティングの神話』日本経済新聞社，澁谷覚［2013］『類似性の構造と判断：他者との比較が消費行動を変える』有斐閣を参照されたい。現在，需要の変動を素早く察知し，即座に対応するという視点が重要となっており，Bradley, N. R.（Eds.）［1988］*Sense & Respond*, Harvard Business School Press も参照されたい。
3）共創やシェア・エコノミーにとって非営利部門が重要となる。これはマーケティング論にとって興味深い動向として，コンピュータ OS 競争における「リナックス」の動向がわかり良い。ICT 産業をはじめ，ネット上のボランティアや NPO に製品や技術をオープンに無償提供し，そのボランタリーな問題発見能力と技術知識を活用する製品開発を進めた。リナックスが商用 OS を凌ぐ品質を持ち得たことは，オープンソースを前提に自己組織化されたボランティアのソフト開発の優位性を示している。つまり，製品開発が営利企業に「私有」されると，競合を避けるため過少インセンティブが生じるのでオープンソースが合理的となるということである。「非営利」という非経済的価値は，競合による経済的損失を排除することで，製品開発の合理性を促す。
4）非営利の原理に関連して社会企業が瞠目されている。一般的には起業手法として社会起業が語られるが，ここでは営利組織が非営利的活動によって結果的に利益を現出するというモデルを想定して社会企業というコンテキストの提示を行っている。もちろん，消費者を企業の貢献者として認識する考え方は，それほど新しいものではない。
5）戦略が「物語」という文脈性（関係性）の中で構築されるとする考え方については，楠木建［2010］『ストーリーとしての競争戦略』東洋経済新報社を参照されたい。
6）「子供のころに，T 型フォードが走っている後を追いかけながら，地面にこぼれたオイルに鼻をくっつけて，においをかいで刺激されたことが，今のクルマづくりにつながっているんだ」（http://www.honda.co.jp/50years-history/challenge/02_carbuilder/index.html）。

　本田宗一郎は，米国の自動車殿堂入りを果たした際（1989 年 10 月），こう述べている。世界と戦うモチベーションは，綿密に計算された戦略ロジックだけではなく，研ぎ澄まされた「五感」であった。まさに，「泥水すすってでも，つかみたい何かを持っている」世代の経営者である。

　いや世代が問題なのではない。

7) 恩蔵直人［2007］『コモディティ化市場のマーケティング論理』有斐閣でも，Aaker Matrix とは，若干，異なる視点であるが，「流通チャネル」を，ソフト的で本質的であるので，リレーションシップによる差別化と同じように考える必要性を説いている。
8) ICT の進展により，再度，「中抜き論」が浮揚してきている。第1次中抜き論では，林周二［1964］『流通革命』中公新書を契機とする。
9) 「垂直的統合」とは，メーカーから卸売業，小売業までの流通チャネルが，少数の企業によって統合されてしまうことをいう。企業グループという名を使う場合は，金融企業系グループ，独立企業系グループとすることが多い。従来，原材料―部品―組立―販売といった生産・流通をめぐる企業連結の垂直的系列に関しては，「企業系列」の名称が，また直接に投入・産出上の関連を有しない株式相互持合の諸企業間協力関係には「企業集団」の名称が付与されてきた。
10) ブルー・オーシャン基準では，(1)（業界常識の外側の観点からみて）取り除く，(2) 減らす，(3) 増やす，(4)（業界常識の外側の観点からみて）新たに付け加える，以上4つとなる。その他，内田和成編［2015］『ゲームチェンジャーの競争戦略：ルール・相手・土俵を変える』日本経済新聞出版社では，(1) 省略 (2) 束ねる (3) 置き換え (4) 選択肢の広がり (5) 追加，の5つとなる。対象が，垂直的統合そのものではないが，ギャップという観点から5つ提示したのが，恩蔵直人［2007］『コモディティ化市場のマーケティング論理』有斐閣で，(1) 強調 (2) 結合 (3) 代用 (4) 並べ替え (5) 逆転，である。Philip Kotler and Fernando Trías De Bes［2001］*Lateral Marketing : New Techniques for Finding Breakthrough Ideas*, Wiley においては，(1) 結合，以外に，(2) 並べ替え，(3) 代用，(4) 除去，(5) 強調，(6) 逆転，を示している。その他にも，野口智雄［2011］『マトリックス・マーケティング：水平思考で市場をつくる』日本経済新聞出版社がある。本書では，ブルー・オーシャン基準を採択した。
11) 中抜きに関しては，生産と小売を仲介する中間業者を排除する現象を指す。Paul, Hawken［1983］*The Next Economy*, Henry Holt & Co; 1st edition, 斎藤精一郎訳［1983］『ネクスト・エコノミー』TBS ブリタニカを参照されたい。
12) 研究とは本来，(1) 研究の分析枠組み，(2) 研究の方法論，(3) 研究対象領域，の3要素を持っている。つまり，どのような分析枠組みで，どのような方法論を使って，どのような領域を研究するかを明示することが研究にとって重要となる。この3つがすべてオリジナルであることは難しい。本書では，3つのうち (1) の研究の分析枠組みに関して理論的補完性の見解を示した。
13) ダイレクト概念と関係するもので，モルタルアンドクリック概念がある。これは，伝統的な大企業主導でのネットビジネスの展開が急速に行われている中で，クリック（e ビジネス）主体の融合型ビジネスモデルではなく，モルタル（伝統的ビジネ

ス）主体の融合型ビジネスモデルが優位性を示し始めている。そこで，あえてモルタル主導のリアル・バーチャル融合であることを表す概念としてモルタルアンドクリックという表現を行っている。

14) 取引コスト論をメーカーと流通業者間にあてはめた場合，取引コストの節減によって流通チャネルの成立を説明することは，「関係資産特殊性投資」がひとたび選択されれば，チャネルが自動的に決定されることを意味する。市場によって資源配分が行われるだけでなく，流通チャネルも取引コストが節減されるように自動的に選択されるということである。その意味で，企業組織の成立根拠が取引コストの節減にあるという説明はある意味では自明ともみえるが，それだけに堅固である。なお，マーケティング論における取引コスト論の位置づけに関しては，第5章で論及するが，垂直的マーケティング・システム研究や政治経済アプローチ等が，取引コスト概念を援用したことに端を発して，現在は，動的取引コスト論が，マーケティング論において盛んに研究されるようになった。

参考文献

Aaker, D. A. [1984] *Strategic Market Management*, John Wiley & Sons, Inc.（野中郁次郎・北洞忠宏・嶋口充輝・石井淳蔵訳［1986］『戦略市場経営』ダイヤモンド社）

Akhter, S. [2005] *Strategic Marketing*, Atomic Dog Publishing.

Ansoff, H. I. [1965] *Corporate Strategy*, McGraw-Hill Inc.（広田寿亮訳［1985］『企業戦略論』産業能率協会）

Barnard, C. I. [1938] *The Functions of the Executive*, Harvard University Press.（飯野春樹編［1979］『経営者の役割』有斐閣）

Bradley, N. R. (Eds.) [1988] *Sense & Respond*, Harvard Business School Press.

Bucklin, L. P. [1970] *Vertical Marketing System*.

Christensen, C. M. [2001] *The Innovator's Dilemma: When New Technologies Cause Great Firms to Fail*, Harvard business school press.（玉田俊平太（監修），伊豆原弓（翻訳）［2001］『イノベーションのジレンマ：技術革新が巨大企業を滅ぼすとき』翔泳社）

Hawken, P. [1983] *The Next Economy*, Henry Holt & Co.（斎藤精一郎訳［1983］『ネクスト・エコノミー』TBSブリタニカ）

Kim, W. C., Mauborgne, R. [2005] *Blue Ocean Strategy: How to Create Uncontested Market Space and Make the Competition Irrelevant*, Harvard Business Publishing.（有賀裕子訳［2005］『ブルーオーシャン戦略』ランダムハウス講談社）

Kline, S. J., Rosenberg, N. [1986] "An Overview of Innovation," in R. Landau and N. Rosenberg (eds) *The Positive Sum Strategy: Harnessing Technology for Economic Growth*, Washington D. C.: National Academy Press, pp.275-304.

Kotler, P., Bes, F. T. D. [2001] *Lateral Marketing: New Techniques for Finding Breakthrough Ideas*, Wiley.

Kotler, P., Kartajaya, H. and, I. Setiawan [2017] *Marketing 4.0: Moving from Traditional to the Digital*, Wiley.（恩藏直人（監修），藤井清美（翻訳）[2017]『コトラーのマーケティング4.0：スマートフォン時代の究極法則』朝日新聞出版）

McCammon [1970] "Perspective for Distribution Programming," Bucklin, L. P.（ed.）[1970] *Vertical Marketing System*.

Mintzberg, H. [1978] "Patterns in Strategy Formation," *Management Science*, Vol.24, No.9.

Mintzberg, H., Ahlstrand, B., Lampel, J. [1998] *Strategy Safari: A Guided Tour Through the Wilds of Strategic Management*, The Free Press.（木村充・奥澤朋美・山口あけも訳［1999］『戦略サファリ：戦略マネジメントガイドブック』東洋経済新報社）．

Mintzberg, H., Lampel, J., Ahlstrand, B. [2005] *Strategy Safari: A Guided Tour Through the Wilds of Strategic Management*, New edition, Free Press.

林周二［1961］『日本の企業とマーケティング』日本生産性本部。

林周二［1964］『流通革命』中公新書。

石井淳藏［1993］『マーケティングの神話』日本経済新聞社。

楠木建［2010］『ストーリーとしての競争戦略』東洋経済新報社。

村松潤一編［2010］『顧客起点のマーケティング・システム』同文館。

野口智雄［2011］『マトリックス・マーケティング：水平思考で市場をつくる』日本経済新聞出版社。

恩藏直人［2007］『コモディティ化市場のマーケティング論理』有斐閣。

澁谷覚［2013］『類似性の構造と判断：他者との比較が消費行動を変える』有斐閣。

内田和成編［2015］『ゲームチェンジャーの競争戦略：ルール・相手・土俵を変える』日本経済新聞出版社。

矢作敏行・吉田健二・小川孔輔［1993］『生販統合マーケティング・システム』日経BP。

第2章
マーケティング・システム研究の類型

第1節　実証主義の展開と課題

　いわんや，社会科学における「古典的実証主義」は，19世紀の Conte，Mill にはじまる歴史を内包するものとされるが，20世紀初頭に，かかる古典的実証主義が「論理実証主義」として装いを新たにしてから[1]，その実証主義における機軸課題は，演繹と反証（あるいは検証）ないし論理と経験という二元論を中心に進展してきた。

　仮説・演繹・反証の分析方法からなる Popper［1972］の「反証主義」(falsificationism) の理論などはそれを代表する最たるものといえよう[2]。ここにおける論理の構成は，論理体系の仮説命題を直接反証するのでなく，仮説から演繹される命題の経験的妥当性を問うところにその論理構成の体系がある。いみじくも Popper［1972］のいわしむる「科学のバケツ理論」がそれにあたる。

　何より，そこでの科学者の責務は，命題を反証することにあり，反証の積み重ねによる論理の体系化が連続的ないし直線的に進められることになる。「演繹」には，数学もしくは論理学的な推論が分析用具として有効性を示し，他方，「反証」には統計あるいは経験事象的情報が供される。そこでは，双方を結合することによって，20世紀の近代科学は，飛躍的発展を遂げてきたとする鳥瞰図が描写可能となる。

　もちろん，自然科学的な反証可能性のある命題だけを，経験科学的知の基本的構成条件とする場に立脚すれば，経験科学の領野は当然のごとく制限されざ

るを得ない[3]。林周二［1989］は，現代のマネジリアル・マーケティングも踏まえ，以下のように言う。

「実証諸科学の伝統的ないわゆる要素還元主義によるアプローチの有効性を否定するわけでないことは申すまでもなく，取りわけ基礎科学の場合でのその有効性はすでに多く実証済みであることを認めるに恪かならざるものが一方ではある。けれども，しかしその場合においてすら，学問に従事する人びとがますます狭い窟をそれぞれ多様に深く掘り分け，そこへ銘々閉じ篭ってゆく結果，現象総体に関わる考察がしばしば蔑ろにされがちとなりつつあることを他方では指摘しないわけにはいけない。ことに実際科学の場合，総体との関連づけをおろそかにした分析的・枝葉方向的な，学界を挙げての一辺倒的研究思考は賛同しがたい[4]。」

続けて，彼は言う。

「経営現象というものは，それがいかように定義されるにせよ，それは一個人の人間社会現象であることに変わりはない。人間社会の現象を科学的に説明しようとするのが社会科学であるが，すべての社会現象は常に合理的な側面と非合理的な側面とを併せ有していることから，社会科学と称される諸領域は，つねにその両者についての科学的説明に併せて取り組まなければならない宿命をもっている。……経営活動を含む人間の諸活動がそもそも合理面と非合理面とを顕わしているかぎり，その複合体である社会現象は，その両面から説明されなければならない。実際科学たる経営理論もまた，具体的な特定の経営現象をば合理性側面でだけこれを理解し処方箋を盛ることは避けなければならない[5]。」

林周二［1989］の指摘を踏まえると，マーケティング理論も経験科学であるがゆえに，事実と知識体系との緊張関係に常にさらされ，実証主義的要素をむろん皆無とすることは，事実上，不可能であり，その有効性を認めるということである。他方で，実証主義を規範とするマーケティング理論の立場は，事実による知識体系の制御ではなく，知識体系の軸たるパラダイム（paradigm）の君臨をいざなう帰結を招く可能性を含むことをも踏まえておく必要があろう[6]。

第2節　マーケティング・システム研究の類型

　以上の認識を鑑み，数多いマーケティング・システムをめぐる研究を論者の依拠するマーケティング研究上の理論的立場の相違から分類するならば，以下のような整理と位置づけが可能となろう[7]。

2.1　古典的研究

　まず第1の類型は，「機能学派」，「制度学派」，「商品学派」などと呼ばれるマーケティング・システム理論上の立場をとる人々の「古典的研究」である。
　この学派は，現在のマーケティング理論の礎を築いた研究と類されるもので，基本的には，機能・制度・商品を研究対象としてマーケティング・システムの観点にたって，それが経済社会で果たす役割をその分析の中心に掲げている。しかし今日では，古典的研究自体が，歴史的発展の過程で変質を遂げつつあるので，第2の類型で示す「近代的研究」を主張する人々と接合されつつある側面があることも事実である。
　では，この第1の類型に属する古典的研究について，問題意識や研究対象あるいは接近方法がどう相違するか，上記3つのグループの視座から特徴づけてみたい。

（1）機能学派
　機能学派は，科学的管理法の影響を強く受けたShaw［1912］により確立された。中間商人の位置づけを考察し，マーケティング・システムによって遂行された機能を見つけ出し，需要創造，マーケティング機能，製品差別化などの考え方を説いた学派である。
　この学派の接近方法は，商業機能を中心とする研究といえ，商品が生産者から消費者に供給される流通過程での，商業の機能分析を中心とする研究である。具体的には，商業機能の経済社会的意義，商業機能の分析，商業機能とその機

関および配給商品との有機的関係などが研究対象となる。この商業機能は経済社会上の機能であり，この機能を円滑ならしめるために配給組織，商業機構が制度的に存在しているのであるが，とりわけ，商業機能の分析を軸に，商業問題の理論的解決を目指すアプローチを行い，生理学的研究ともいわれている。

(2) 制度学派

　制度学派は，Weld［1916］の農作物の流通研究に始まり，Breyer［1934］Duddy=Revzan［1947］により確立された。Breyer［1934］，Duddy=Revzan［1947］は，流通機構を体系的に論じて，マーケティング・システム研究にマクロの視点を与えたのみならず，中間商人の役割にも言及して流通論の基礎を築いた[8]。

　この学派は，流通機能を担当する流通業者（配給業者）および流通業者に関与する商人の立場から，流通チャネル上の流通業者の種類，機構等の共通項を抽出・理解を目指す総括的方法を用いる学派である。具体的には，流通業者としての小売業者と卸売業者の役割，重要性，機能，特質等の研究を行うものである。さらに，機関として広告代理店，市場調査会社，倉庫会社（保管会社），運送会社，および保険会社等の広義の商業補助業者も研究対象に包括されている。この研究は解剖的方法ともいわれている。

(3) 商品学派

　商品の分類に焦点を当てた Copeland［1924］を中心とする研究が商品学派の始まりである。消費財を買い手の購買行動から最寄品，買回品，専門品の3つに分け，商品類型別の販売政策を提案し，後の買い手行動学派に大きな影響を与えた。

　この学派の特徴は，商業行為の客体である商品が，どのような配給機能を必要とするか，さらにどのような流通業者によって商品が生産から消費まで流通するのかを具体的に検討するものである。そのため商品を各項目ごとに分類し，その商品の供給源泉およびその状態，これに対する需要状況や性質，さら

に一般に使用される配給チャネル，流通業者だけにとどまらず，流通チャネル上において決定される諸条件をも検討する。これは，商品別に流通業者の機能および配給チャネルの考察を深めていく実証的アプローチであるが，商品の種類が多いため，この方法による流通の完全な態様をはかることの難しさを内包している。通常，この商品分類学派は，商品の生産方法，用途，購入方法等による分類研究を行う。たとえば，以下のような4つの分析がある。①商品の用途別（産業用・消費用）分類分析，②農産物，鉱産物，林産物，工業製品の区別同様，生産方法別分類分析，③用途・購入別（生産財・消費財）分類分析および消費財購入方法別（買回品，最寄品，専門品）分類分析，④品質・配給方法別（貯蔵可・腐敗性）分類分析，などである。この商品別研究は流通の客体である商品中心の研究方法であるといえる。

2.2 近代的研究

マーケティング・システム理論の第2の類型は，「近代的研究」の立場をとる人々の主張である。この研究は，古典的研究と比較して新しい研究，すなわち古典的研究の機能，制度あるいは商品の分析とは異なるメタ的分析をも含めたマーケティング分析の手法を武器にして，考察をすすめる点に特徴がある[9]。数多い近代的研究のうち，ここでは特徴が比較的明瞭な2つを抽出して，その特徴を示してみたい。

（1）マネジリアル・アプローチ（managerial approach）

マーケティングの研究は，長期経営における販売管理の領域から次第に拡大され，マーケティング・マネジメントに発展し，さらにマネジリアル・マーケティングへと発達した[10]。そこには，機械化によって，生産費の低下がはかられた後，大量生産が可能となり，大量販売・大量消費の問題が重要となってきた背景がある。つまり，大量消費が結果的に大量生産につながるのであるが，そこでは技術革新が果たした役割が大きい。それは，市場に供給された大量商品の販売競争を激化させ，販売促進のためのあらゆる販売管理全般の合理

化を促したといえる。そのため，経営者的な観点に立脚して，経営の目的達成のためのマーケティング活動を合理的，能率的に計画し，その実施のための総合的管理が必要となった。すなわち，企業はビジョンを持った長期的目標に立つマーケティング管理の確立，そのための経営政策，組織の確立，さらにそれらの総合的調整，などが必要となってきた。このような思考に基づいてマーケティング・マネージャーや経営者の機能を重視する研究方法がマネジリアル・アプローチである[11]。

（2）システムズ・アプローチ（systems approach）

　このシステムズ・アプローチを最初に唱えたのは，Kelley および Lazer であり，これは OR（operations research）の手法をマーケティングに応用し，マーケティング戦略における有効な指針とすることを目的とした。マーケティング・システムを展開するにあたってシステムの概念を明確にしなければならないが，それ自体が多義的であり，これを一義的に規定することはむずかしい。Johnson, Kast and Rosenzweig［1967］によれば，「システムとは組織されたあるいは結合された，または単位となった全体を構成する事物や部分集合または結合である[12]」と規定している。さて，このシステムズ・アプローチはシステム思考（system thinking）を各研究分野に適応する研究方法としているが[13]，一般システム理論によれば，システムズ・アプローチは一つの理論的仮説であり，当然，抽象的な表現とならざるをえない側面を有す，とする。もともと，システムズ・アプローチはマーケティング固有のアプローチではなく，経営学や会計学の領域にも適用され，その発展と有用性を評価するための助けとなっている。このアプローチは，人間行動的アプローチ（human behavior approach）とともに，一般には行動科学と呼ばれる領域に含まれている[14]。

　以上，2つ（古典的研究・近代的研究）の類型は，おのおの分析的特徴を異にしているかのようであるが，いずれも近代科学的特徴を部分的に受け継いでいる側面では共通しており，同根であるといってよい。

マーケティング・システム理論の第3の類型には，これまでの分析方法の新しい動きを包摂して，「解釈主義：解釈的マーケティング」の立場をとる人々を入れることができよう[15]。あるいはそれに近い接近方法が包括的に分類される。第1，第2類型において部分的に受け継がれている近代科学的接近方法は，内外における環境の変化に対して，必ずしも十全たる分析用具を提供することができなかった。そこで，新しい理論への模索がいまなお続いているのであるが，そうした試みの一つが，この第3の類型に分類されるものである。ゆえに，この第3の類型の持つ問題意識や接近方法は，近代科学的認識のあり方総体に対する批判を包摂しており，その意味では，極めて独自な接近方法と記述方法を提出するものであるが，マーケティング・システムに関する一つの見方を形成するものともいえる。

　この解釈的マーケティングに早くから注目した論者に，Hudson and Ozanne [1988] と Holbrook and O'Shaughnessy [1988] がいる。

　Hudson and Ozanne [1988] は，社会的に構成された人間の知識こそが，真の現実であるとし，その解釈的マーケティングの目的を「理解」と定め，実証主義を痛烈に批判した。また，解釈的マーケティングでは動機，意味，理由，その他の主観的体験を重視する，とした。また Holbrook and O'Shaughnessy [1988] は，生来，人間とは生活する上で，常に「意味」を求めるものと定義した。そして解釈的マーケティングの見地から，その「意味」を「解釈」し直すことにより，本来の意味を明らかにすることが可能となる，とした。

　この接近方法は新たな未開拓な領域であるだけに，現在のところ，上記2つ（古典的研究・近代的研究）の類型と比較すると蓄積が多いとは言いがたいが，マーケティング・システム理論の新機軸がこの分野から生まれることは，今後大いに期待できるかもしれない。とりわけ，実証主義からの脱却ないし因果律からの脱却を「解釈」への転換と捉える武井寿 [1995] [1997] は，消費者行動[16]以外の解釈主義の援用領域として，事例研究法（case study research）を挙げている。その意味で，今後このマーケティング・システム研究の増加が期待できる余地があると思われる。

さて，以上に述べたマーケティング・システム理論にみられる3つの類型は，論者がよりどころとしているマーケティング・システム理論上の相異を中心にして分類したものである。したがって，そこで用いられる分析の技術的問題，つまり，記述的か分析的か，あるいは分析的であるならば，どのような分析手法を用いているか等の問題については触れなかった。しかしながら，今日のマーケティング・システム分析技術の発達は，たとえば，実証的分析手法としての計量モデルによるマーケティング・システム分析についていえば，それ自身を一つの類型としてよいくらいの成果をあげるにいたっている。研究所や大学，さらには民間企業の調査部門が持つ計量モデルなどがマーケティング・システムによる現状分析や企業成果の予測，消費者行動分析などに活躍している事実が端的にそのことを物語っている。

　なお，史的資料の整備という仕事も本来は，それ自体が膨大な時間とエネルギーを必要とする研究であり，やはり一つの類型をなすくらいの領域を形成している。というのも，こうした資料なしには，マーケティング・システムの長期分析は不可能であるし，資料の整備という作業自体が，マーケティング・システムの史的発展過程への深い造詣なしには不可能であるからである。その意味で，利用者がその特性を考慮して活用するならば，これは極めて利用価値の高い資料となり得るものである。

第3節　マーケティング・システム研究の鳥瞰図

　マーケティング・システムが研究の対象とする議論は，前節において類型したものに尽きるわけではもちろんない。ここまでに示唆したマーケティング・システム研究は，常識的に考えてマーケティングの研究体系に収まりうるものの中から，比較的に特徴が明瞭な議論を選んで，一応の基準によって類型化したものである。今日，マーケティング・システムをめぐる議論が百花斉放の様相を呈しているのは，むしろ上述のようなマーケティング・システム論のパラダイムに収まりきれない学際的な研究や他の学問体系の側からの発言が学界の

注目を集めているからに相違ない。

なお最後に，マーケティング・システム研究を鳥瞰する2つの図表を示しておく。一つは，Sheth, Gardner and Garrett［1988］による「マーケティング学派の比較研究」であり，いま一つは，堀越比呂志［2001］による「マーケティング研究の構造」である。

まずSheth, Gardner and Garrett［1988］によると，マーケティング学派は「古典的研究」「近代的研究」を含めて，12に区分されるとし，各学派をメタ理論基準によって評価を行った（図表2－1を参照されたい）。そこではマネジリアル学派が総計50スコアと最も高い評価がなされている。マネジリアル・アプローチとは，先述の通り，「複雑に変化するマーケティング活動を総合的に適合させることを目指す研究アプローチ」のことである。つまり，戦略的マーケティングのように，経営者の意思決定（decision making）に役立つという立場からの研究ともいえる。

図表2－1　マーケティング学派の比較

メタ理論基準 学　派	構造	特定化	検証可能性	実証的支持	適用可能性	単純さ	計
商品学派	3	4	3	6	8	8	32
機能学派	5	3	7	7	8	8	38
リージョナル学派	7	6	7	7	4	7	38
制度学派	7	7	4	5	5	8	36
機能主義学派	7	7	2	3	8	2	29
マネジリアル学派	8	7	8	9	9	9	50
買い手行動学派	8	8	6	8	9	8	47
アクティヴィスト学派	5	5	4	7	5	6	32
マクロ・マーケティング学派	4	4	6	6	7	4	31
組織ダイナミックス学派	8	8	4	3	5	4	32
システムズ学派	5	8	6	5	8	8	40
社会交換学派	8	4	5	5	9	9	40

（注）スコア1（劣る）から10（優れている）
出所：Sheth, Gardner and Garrett［1988］．

次に示すのが，堀越比呂志［2001］の「マーケティング研究の構造」である。彼は，Sheth, Gardner and Garrett［1988］の抽出した学派の偏りを指摘し，Sheth, Gardner and Garrett［1988］がマクロ・マーケティング学派とその他の学派とを並列的に抽出した点に警告を鳴らす[17]。この図表2－2は，Sheth,

図表2－2　マーケティング研究の構造

年	McDaniel (1982) pp.9-11	Markin (1982) pp.24ff	Stanton (1981) p.11E Zikmund and D'Amico (1984) p.19 Kinncar and Bernhardt (1983) pp.13-16	Btanton and Evans (1982) Diamond and Pintel (1980) pp.44-51 McCarthy and Peranult (1984) pp.35-36	Pride and Ferrell (1980) pp.14-16	Rachman and Romano (1980) pp.13-15	Nickels (1984) pp.54-62	Hartley (1984) pp.17-18	Russ and Kirkpatrick (1982) pp.9-10	Cunningham and Cunningham (1981) pp.14-17 Gaedke and Tootelian (1982) Schewe and Smith (1983) pp.13-14 Schoell and Ivy (1982) pp.15-17	Boone and Kurtz (1980) pp.13-15	Lazer and Culley (1983) p.23
1910	生産	生産	生産	生産	生産	生産	生産	生産	販売	生産	生産期限なし •••	生産
1915	販売										販売期限なし	流通
1920					販売	販売						
1925				販売								
1930		販売	販売				混合	戦争と恐慌によって修正された販売	販売	販売指向の拡張としてのマーケティングコンセプト	販売	
1935												
1940						第2次大戦	第2次大戦		第2次大戦	第2次大戦		
1945		マーケティングコンセプト	マーケティングコンセプト	マーケティング計画コンセプト部門	マーケティングコンセプト	マーケティングコンセプト	マーケティングコンセプト	マーケティングコンセプト（朝鮮戦争はのぞく）	マーケティングコンセプト	マーケティングコンセプト	マーケティングコンセプト	マネジリアルマーケティング消費者志向
1950												
1955				マーケティングコントロール／マーケティングカンパニー								
1960	マーケティングコンセプト											
1965												

出所：堀越［2001］p.33。

Gardner and Garrett [1988] の学派抽出における問題点をも補完した図表といえ，現時点でのマーケティング研究の一里塚の役割を果たすとともに，将来のマーケティング研究の帰趨を鳥瞰できるものとなっており，研究対象，研究方法，研究課題（図表の空白部分）の3点が明確となっている。これにより，マーケティング研究の全体像や方向性を系統立てて理解することが可能となっている。堀越比呂志 [2001] 以降にも，多くのマーケティング研究者が学説史的観点からマーケティング研究の分類を提出しているが，原理的には，さほど堀越分類を超えていない。したがってこの分類は，その後も広く多くのマーケティング論者によって踏襲利用されている。

　以上，マーケティング・システムに関する従来の主要学説および接近方法についてその概要を説明してきた。結局，従来の主要学説は，それら学説の総合的あるいは体系的な研究に関しては，必ずしも詳細に明らかにされているわけではない。加えて，現代のマーケティング・システムはインターネットの進展等を嚆矢として急速な進歩を遂げつつあり，常に実践科学としてのマーケティング・システム理論は実際のマーケティング現象をいかに認識するか，しかも科学として成立するためにはその現象をいかに論理的・学問的に落とし込むかが問われなければならない。つまり，マーケティング・システム理論の概念それ自体も取り巻く環境の推移と共に変貌してきたわけである。本来その基底が，生産と消費を架橋する経済社会的な懸隔克服にあったとしても，その架橋機能ないしそれを担当する組織体が高度専門化されている現在，他方でまたそれらの諸機能の統合化が生産分野にまで展開するというアンビバレントな現象を，いかに把握するかが喫緊の研究課題として理論面において大きく浮揚してきている。

　畢竟，メーカーおよび流通業者もまた，新たなマーケティング機会を希求する組織体であり，マーケティング・システム概念における主体と客体を普遍的に類型化することが，マーケティング・システム現象の多様化とも相俟って，より理論的困難性を内包するベクトルに進展していくものと認識せざるを得ない。ゆえに，マーケティング・システムの生成と発展のプロセスにおいて従来行われてきた接近方法および学説は，近時の経済社会的環境の変容に伴って，

マーケティング主体の実態に対する説明能力を欠くようになったとしても当然のことである。したがってこれまでのマーケティング・システム理論の概念は，敷衍・拡大化されるとともに，総合流通業者を主体とした新たな学問の体系化が不可避となろう。

【注】
1) それらはすべての形而上学が無意味であるとした点で，従来の実証主義とは大きく異なっていた。
2) Popperの「反証主義」の論理は，具体的には，いくつかの仮説から出発して，何らかの命題ないしは定理を導くことをまず第1の仕事とする。そして次に，その定理がデータと整合的か否か判定可能な体裁をなしている場合，その定理は有意味であるとする。そして有意味な定理がデータによって反証されなければ出発時に設けられた仮説体系は覆されないことになる。つまり，この論理は，科学の仮説を確証しようとするには，それを反駁あるいは反証することを試みるほかないという視座に立脚した，仮説確証型の純粋演繹的アプローチといえる。
3) たしかに，そこで問われる理論についていえば，それはある特定分野における明晰性が顕浮しても，一定の限度を越えて起用されると，明晰性を欠くこととなる。
4) 林周二［1989］p.6 を参照。
5) 林周二［1989］p.10 を参照。
6) 現在，周知のように解釈主義によるマーケティングの仕事が注目を浴び始めている。実証主義の限界を明らかにすることで，決定論的な線形的回路としての近代科学が包摂する限界への挑戦が試みられている。
7) ひとまとめに，マーケティングの研究と言っても，論者によって使用する基本概念やその視角・枠組みにヴァリエーションがあることも事実である。それゆえ，それらを一括して区分する場合には，個々の研究の差異を無視してしまう困難さが生じることを承知で，強いてそれらに共通する要素を抽出し峻別を行った。
8) 光澤滋朗［1980］pp.136-138。
9) もちろん，こうした近代的研究の研究領域と第1の類型での研究領域の区分は，必ずしも絶対的なものではなく，方法論的にはむしろ，具体的な研究対象によっては，相互関連的に研究されているものも多い。
10) Howard［1963］pp.4-6.
11) この研究方法は個別企業を主体として，マーケティングの個別機能の研究成果を効果的に統合化することによって，個別企業の顧客ニーズへの適合と社会的責任を達成し，その結果，貢献利益を期待しようとする研究である。しかし実際には，多様化する顧客ニーズとの狭間にあって，経営上の計画化，組織化，実施，統制といっ

たマネジメント・サイクルの構築は容易なことではない。
12) Johnson, Kast and Rosenzweig [1964] p.4.
13) 橋本勲 [1973] p.50。
14) 複雑な環境要因と相互関連的に変化する消費者ニーズを，個別流通業者と有機的に相互に関連する複合的な集合体として把握して，問題解決をはかろうとするのが，システムズ・アプローチである。この研究方法は，マネジリアル・アプローチの発展的な研究方法として位置づけられることもある。
15) 一般に，解釈主義とは，人間が「意味」に基づいて行動すること，あるいは「意味」は人間が解釈することなどを原理とし，「意味」に焦点を当てて現実を解釈的に理解しようとするもの，とされる。
16) マーケティングにおいて，まず消費者を研究対象とする分野に解釈学的アプローチが導入されたのは，コンテクストに相対的な動機，意味，理由などを「理解」しようとする解釈主義の方法を実践する際，個別の「動機」や「理由」などを特定しやすい「個人」を基本的な研究対象とする消費者行動の分野が，比較的アプローチしやすい分野であったからである。
17) Sheth, Gardner and Garrett [1988] の学派比較区分に問題がないわけではない。堀越比呂志 [2001] の指摘は傾聴に値する。その要点は以下にまとめられよう。第1に学派抽出の偏り，第2に研究対象別学説研究としての分析レベルの低さ，第3に評価の不統一性，以上の3点である。

参考文献

Breyer, R. F. [1934] *The Marketing Institution*, Emerald Group Publishing Limited.
Copeland, J. S. [1924] *Plague in Paradise: The Black Death in Los Angeles*, Paragon House.
Duddy, E. A., Revzan, D. A. [1947] *Marketing an institutional approach*, McGraw-Hill book company.
Howard, J. A. [1963] *Marketing Management; Analysis and Planning*, Richard D. Irwin, Inc.
Hudson, L. A., Ozanne, J. L. K. [1988] "Alternative ways of seeking knowledge in consumer research," *Journal of Consumer Research*, 14, 508-521, Holbrook and O'Shaughnessy.
Johnson, R. A., Kast, F. E., Rosenzweig, J. E. [1967] *The Theory and Management of Systems*, McGraw Hill Book Company.
Kelley, E. J., Lazer, W. [1967] *Managerial Marketing*.
Popper, K. R. [1972] *Objective knowledge*, Clarendon Pr.（森博訳 [1974]『客観的知識―進化論的アプローチ―』木鐸社）

Shaw, A. W. [1912] "Some Problems in Market Distribution," *Quarterly Journal of Economics*, August, pp.703-765.
Sheth, J. N., Gardner, D. M., Garrett, D. E. [1988] *Marketing Theory: Evolution and Evaluation*, Wiley New York.
Weld, L. D. H [1916] *The Marketing of Farm Products*, The Macmillan Co.
武井寿［1997］『解釈的マーケティング研究：意味の基礎理論的研究』白桃書房。
橋本勲［1973］『現代マーケティング論』新評社。
林周二［1989］「経営理解の方法」『経営と情報：静岡県立大学・経営情報学部紀要』，2（1）。
堀越比呂志［2005］『マーケティング・メタリサーチ』千倉書房。
光澤滋朗［1980］『マーケティング管理の生成と発展』啓文社。

第3章
先行研究と円環型流通チャネル

　マーケティングとは何か。Show［1912］から数えてマーケティング論は，100余年の歴史を持ち，現在，その果実は大いに成熟した段階にある。とりわけ戦後の経済成長と技術革新は，経済社会の諸相を一変させた。また2000年代に入って，急速なICT（Information and Communication Technology）の進展とグローバル化の相互作用は，マーケティング・システムを変容させている。マーケティングのかつての守備範囲をこえた諸問題を提起していると同時に，これまで君臨していた在来の「近代知」が疑われはじめている。社会科学や自然科学の領域のいかんを問わず，既存の学問的パラダイムやアプローチを問い直さなければならない時期にきていることは，相違ない。

第1節　マーケティングとは

1.1　研究課題

　ここにおいては前段のマーケティングの「守備範囲」「定義と方法」「対象と課題」というものが，常に問題となった。いわんやマーケティング認識論上の問題がそれに値しよう。またICT革新の中，マーケティング方法論上の諸問題が浮上してくるゆえんでもある[1]。それはまたマーケティング自身，西欧近代の「落とし子」であったことからすれば，マーケティングの問いとは，詰まるところ，マーケティング認識論の深淵を下支えしてきた近代的認識論，すなわち主観と客観の分離それ自身を問うこととなろう。

　実証主義の立場からすれば，なるほど社会科学の現象の中には，形而上学を

捨象し，その上に依って立つ実証分析によって解明される面も少なくない。しかし，物質的豊穣が現実のものとなり，価値の多様化した現在ではそう事は短略的に進めまい。すなわち，いわゆる認識における「価値選択」の側面が生起してくることになる。また，新しい適応から生成される価値選択との対応が常に問われることにもなろう。そこにおいては，Weber［1922］における2つの合理性，「目的合理性」と「価値合理性」の問題も関係してこよう。

　近年の研究においては，その意図を十分，果たしているか否かは別にして，「科学・人間・社会」の関係的枠組みを問い直し，実証的接近だけでなく，ホーリズム的視角からの考察を試みようとするマーケティング研究も少なからず増えている。この点は，「IoA化社会」（Internet of Ability）の到来を待って，一層認識するに至るであろう。現代社会の包摂する多重層的な構造自身が希求する流通・マーケティング課題からも，技術決定論・経済成長決定論のみで現代の流通・マーケティングは解明しえなくなっているからである。

　しかしながら，戦後間もなく，わが国で社会科学方法論や流通・マーケティング方法論に関心をよせようとする研究者にとっては，「敗戦からの復興」という特別な事情もあって，成長重視の「経済成長」という問題意識からさほど自由ではなかった。当初，流通・マーケティング研究は，「配給論」と「商業学」がその学問的中心にあった（片岡一郎・村田昭治［1987］）。

1.2　高度経済成長

　戦後のいわゆる高度経済成長を満喫していた中，その後それを踏まえて，国内で現代流通・マーケティングをめぐる活発な論争が積極的に交わされていった。そこにおける戦後の日本経済は，およそ2つの大きな波を形成しながら，成長を遂げてきたといえる（図表3－1参照）。バブル崩壊からの現在，ICT革新とグローバル化を背景に，第3の波のゴール手前に位置している。

　まず第1の波として，日本の高度経済成長（1955年-1974年），とりわけそれに付随する高度な企業成長の仕組みを説明する要因として，日本の流通・マーケティング研究者間で瞠目されたのは，日本型流通，すなわち「垂直的統合」

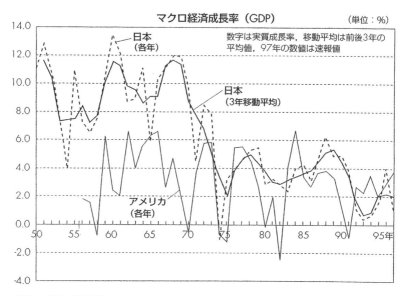

図表3-1 マクロ経済成長率の2つの波

出所：伊丹[1998]。

のマーケティング・システムのメカニズムであった。当時の先端分野は，造船，鉄鋼，電機，石油化学等，重化学工業を軸とするものであったのは周知である。これらは，垂直的統合型の大企業が高い生産効率を発揮する分野であるため，市場取引ではなく，系列取引を通じる経済活動が中心となった (江尻弘 [1996])。

　1945年11月，GHQ は「財閥解体」の指令を発した。翌年には「持株会社整理」，その後，1947年「独占禁止法」，1948年「過度経済力集中排除法」が制定された。

　もっとも，岡崎哲二・奥野正寛 [1993]，野口悠紀雄 [1995]，Werner [2001] に従うと，戦後，産業構造が急速に変容したのは，1940年代に作られた「戦時経済体制」の産物とされている。GHQ の指示に基づいて遂行された戦後の財閥解体と集中排除ではなく，「戦時経済体制」によって産業構造が変容したという理解である[2]。

第3章　先行研究と円環型流通チャネル　39

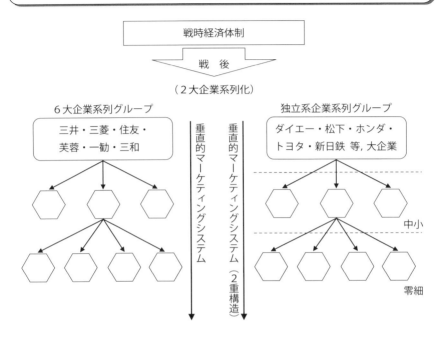

図表3－2　2つの企業グループ

　かかる産業の変容の下に，やがて「戦時経済体制」の金融系列グループ（三井・三菱・住友・芙蓉・三和・一勧）とは，異なった形の2つの独立系企業系列グループが浮揚してくる（図表3－2）。メーカー資本としては，たとえば，トヨタ，新日鉄，ホンダ，松下が，流通資本としてはダイエーなどがその代表的な企業であるといえよう。

　荒川祐吉［1959］は，卸売業を中心とする流通のシステムに対し，力をつけてきたメーカーがこれまで，卸売業者に任せてきた流通の局面にまで，その管理力を行使するに至ったとする。林周二［1961］では，前段2つの企業系列グループがおのおの新しい流通領域を自社に取り込もうとして競争していること，そして，かようなグループ間の競争が人材登用を活発化させ，高度経済成長を導出していると述べた[3]。異なる企業系列グループ間での流通領域への拡大競争および市場占有率の拡大に関する競争はいっそう激しくなった。

このように，戦後の日本経済は，「企業系列」を形成することによって，マスを対象とした大規模な生産力で競争力を獲得していった。

第2節　流通システムの先行研究

この時期にまた，風呂勉［1965］によって指摘された垂直的統合のもう一つの特徴は，Alderson［1957］の「チャネル・システム論」における交渉概念の軸であった「パワー」概念の再認識およびその概念的援用にある。

2.1　チャネル・システム論とチャネル交渉論

システムズ・アプローチをチャネルに援用したAlderson［1957］のチャネル・システム論の「交渉概念」に瞠目し，独自理論を展開してきたのが風呂勉［1965］の「チャネル交渉論」である。別言すれば，Alderson［1957］のチャネル・システム論の特徴である「パワー間の交渉」という点の継承，チャネル内に市場取引を前提とした内部組織的な性格の組込みプロセス，以上2つの視点から，風呂勉［1965］は理論を展開したともいえる。

チャネル交渉論では，取引に主従関係を持ち込む。主要取引（取引における商品売買）に対して，従属取引（流通業者の販売努力などサービス交換）は，流通段階での競争を決定するほどの大きな影響を持っている。メーカーが流通業者に期待する同調性水準は，「品揃え」「販売」という2つの活動を通じて，従属的付帯サービスを提供する。他方，メーカーは，広告，マージン，リベート，ブランドなどの誘因を与えることになる。

この時期，日本の経済成長に触発され，日本の流通・マーケティング研究者の間で，その成功の鍵と今後のその課題をめぐる関心が高まった。彼らの主要な関心は，日本のメーカーと流通業者間の取引による日本型流通システムの変化の方向性，すなわち「中間流通業者排除論」，「チェーン・オペレーション論」等に向けられた。この時期の代表的な文献としてはそれぞれ，林周二［1962］，佐藤肇［1971］が挙げられる。とりわけ前者，林周二［1962］の主旨は生産段

階の急成長に販売段階が追いついていないことにより，経済循環が効率的に遂行されていないことを問題視し，大量販売体制の重要性を説くことにあった。しかし，チェーンストアを展開するスーパーの登場とその成長という実態が，卸売業者の排除という点だけをクローズアップさせ，以後の論争はその点を中心に行われることになった。また後者のチェーン・オペレーション論が，その後の経済成長に大きな役割を果たしたのは周知である[4]。

この高度経済成長の波は，1971年の変動相場制への移行，1973年の第1次オイル・ショックによって終息に向かうことになる。

第2波は，1975年から1993年頃までの，いわば安定成長期の波を表している（図表3－1参照）。その間，日本は，二度目のオイル・ショック（1979年開始）を経験した。オイル・ショックは，原燃料としての石油の大量かつ円滑な供給を自明な前提としつつ，量産型の重化学工業を産業の基軸においてきた日本に対し，原油のみならず主要資源の供給を制限し，物価の異常なまでの高騰と国際収支の悪化を引き起こすことによって，その後，減量経営として展開されることになる対応を迫った。

いわゆるヒト，モノ，カネの全領域に及ぶ徹底した減量経営は，ヒト＝労働力に関しては，労働生産性の向上をはかるよりも，徹底した省力化という途が模索された。つまり，IC，LSIなどの集積回路を技術的内実とした，生産工程の自動化がそれにあたる。また，モノについては，IC化の促進によって部品点数を大幅に削減し，材料費を節減すると共に，間接的には工程数の減少をはかって省資源を実現し，さらに操作技術の向上を通じた，重油原単位の削減による省エネの試みが追求された。こうして減量経営というスリミング・ダウンの徹底によって，オイル・ショックの乗り切りがひとまず達成された。

この時期，自動車産業やエレクトロニクス産業は機械化や電子化を推し進めることによって，海外市場へと進出していった。自動車産業ではトヨタがGMを売上高で逆転するまでになったが，その帰結が国際競争力の強化を背景とする量産型中位技術産業製品＝自動車・電子機器・精密機械などの集中豪雨的輸出を招来することになった。

その後，流通・マーケティング研究者の間で本格的な議論が始まるのは，二度にわたるオイル・ショックの経験から立ち上がってきた1980年前後からとなる。

自動車産業ではトヨタがGMを売上高で逆転するまでになったが，この自動車産業や家電産業で世界市場を圧倒した日本型系列の国際競争力をみて，流通環境の与件の変化に関するこの驚異的な適応の原因は何なのか，その謎解きが，流通・マーケティング研究者の間で研究課題となった。この時期の「日本型流通論」は，過去の近代化論で日本の流通多段階制等の旧態依然的性格の特徴として批判されてきた産業の二重構造等が，オイル・ショック後，日本企業の高い生産性向上を可能とした要因として再認識されることになった。

2.2 取引依存度論

産業の二重構造を背景としたこれらの議論は，大きく2つに分けられる。一方のものは主として石原武政［1981］の「取引依存度論」の議論である。他方のものは，石井淳蔵［1983］のパワー・コンフリクト論の議論である。通常，依存度とは，既存研究の風呂勉［1967］に従うと，

（1）自社による他社の要求を満たす能力
（2）他社自身で代替案を発見する能力

の2つの要因によって決まるものとされる。

これを流通システムにあてはめて構成されるのが依存度である。援用した石原武政［1981］は，メーカーの「販売依存度」と流通業者の「仕入れ依存度」の2つに概念化した。販売依存度とは，「メーカーがその製品の販売を特定の小売業者に依存する割合」であり，仕入れ依存度とは，「小売業者が商品の仕入れに際して特定のメーカーに依存する割合」とする。それらは簡単に以下の式で表現される。

$$m_{ij} = M_{ij} / M_i \quad \text{ただし，} M_i = \Sigma_j M_{ij} \tag{3.1}$$

$$d_{ji} = D_{ji} / D_j \quad \text{ただし，} D_j = \Sigma_i D_{ji} \tag{3.2}$$

$M_{ij} = D_{ji}$ であるから

$$m_{ij} / d_{ji} = D_j / M_i \tag{3.3}$$

なお，m_{ij} は i の j に対する販売依存度，d_{ji} は j の i に対する仕入れ依存度，M_{ij} は i の j への販売額，D_{ji} は j の i からの仕入額，M_i は i の販売総額，D_j は j の仕入れ総額を示している。

　石原武政［1981］では，風呂勉［1967］に対して，メーカーと流通業者との「企業規模格差」から流通業者の仕入依存度が大きくなり，メーカーの交渉力が強化されるとしている。特定の企業における他企業への取引継続の依存度が低いほど，特定の企業から（取引継続にこだわる）他企業へのパワー（power）は強くなる。

　メーカーの販売依存度と流通業者の仕入依存度という２つの関係から，メーカーと流通業者との関係を説明しようと試みたのが，石原武政［1981］であったのに対し，既存研究の風呂勉［1967］は，仕入販売依存度をパワーと定義したが，少なくとも，実際の仕入・販売依存度は比較的変更が容易であり，政策的色合いが強いことを加味しなくてはならないであろう。たとえば，規模の大小を問わず，経営能力に自信のある小売業者が，仕入依存度を政策的・手段的に操作しているケースは，実際多く見うけられる。

　したがって，風呂勉［1967］のように仕入・販売依存度をパワーと定義するより，石原武政［1981］での企業規模格差をパワーと定義する方が，パワーを「勢力格差を発生させる構造的条件」と規定する以上，妥当だと思われる。ここでは，依存度格差は規格格差の逆数となるものと考えられ，したがって，フルライン化した全国市場を持つメーカーや，取扱い品目を拡大しながら多店舗展開を繰り広げる小売業者は，より大きな勢力を持つことになる。

　この石原武政［1981］のアプローチをまとめると，メーカーと小売業の２面性として，売買関係と代理関係の矛盾を強調することにある。すなわち，メーカーは小売業者に対し，一方では独立事業主へ販売するという関係をとることによって，最終市場での売れ残りリスクを小売業者へ転嫁し，他方で小売業者

の意思決定をコントロールし，自社にとって有利になるよう制御しようとすることで，代理関係を組み入れる。いま1つの特徴は，メーカーと小売業の関係を2者間のダイアドのみでなく，双方の直面している競争状況および顧客との関係として捉えようとすることである。

　石原武政［1981］は，「規模格差」という構造的要因を新たに理論に組み込むことで，風呂勉［1967］の問題点を克服したといえよう。

2.3　パワー・コンフリクト論

　産業の二重構造を背景とした議論の他方のものは，Stern［1967］によって提唱され，それを援用した石井淳蔵［1983］のパワー・コンフリクト論の議論である。

　パワー・コンフリクト論とは，(1) 流通システム間のパワー関係やコンフリクトの制御に瞠目し，システム構成者間の取引関係の分析を行う，(2) システム内におけるパワーの源泉，コンフリクト発生メカニズムを解明する，という2つの研究課題を持っている。

　石井淳蔵［1983］に従うと，パワーとは，「チャネルをコントロールする力」，コンフリクトとは，「流通システム内で発生するメンバー間の対立や衝突」と定義している。このパワーは，「経済的パワー」と「非経済的パワー」の2つから構成される。

　ここにいう経済的パワーとは，アメとムチ，すなわち「報酬」と「制裁」である。他方，非経済的パワーには，「一体化」「正当性」「専門性」がある。近年，消費行動において，情報の価値の高まりに乗じて，経済的パワーの重要度が下がり，たとえば，「専門性」のような非経済的パワーの重要度が高まっている。

　これらパワーの焦点は，石井淳蔵［1983］において，具体的に示されているように，メーカーの販売依存度と流通業者の仕入依存度，という2つの依存度のみに，当てられるわけではない。むしろ石井淳蔵［1983］では，システムにおける相互のパワーは，実際の「ブランド」のプル効果や戦略的市場における「シェア」といったさまざまな要因にも帰するとした。他方，コンフリクトに

関するシステム構成者の組合せによる最も顕著なものに，「垂直的チャネル・コンフリクト」がある。

垂直的チャネル・コンフリクトとは，同じ流通システム内の段階が異なる構成者同士で起こるコンフリクトで，たとえば，メーカーと販売会社の関係がこれにあたる。この関係では，価格設定や販売促進の方針など施策に関するコンフリクトがみられる。垂直的チャネル・コンフリクト以外に，「水平的チャネル・コンフリクト」（流通システム内の同段階同士でのコンフリクト）や「マルチチャネル・コンフリクト」（メーカーが同市場で2つ以上のチャネルを活用した際，生じるコンフリクト）を含め，おのおの特徴的な3種類のコンフリクトが確認される。そこにおいては，組合せの特徴を見積もり，事前に各コンフリクトを推定することは，各主体が無駄な消耗をしないためにも，不可避となる。

では，このコンフリクトが生じる要因を，パワー・コンフリクト論ではどのように説明するのであろうか。そこでは，大きく2つあることが確認されている（石井淳蔵［1983］）。

通常，流通システムの成果を上げる誘因は，「動機づけ」と「統制」である。他方，そこにおいては，システム構成者として，「共通目標」の達成と，自社の利益の最大化という「自社目標」の達成，という利害の対立がある。これが第1のコンフリクト要因である。これは，垂直的チャネルの関係で生じるコンフリクトにおいて最も顕著となる。第2として，「役割と権利の不明確さ」もコンフリクト要因と考えられる。これは，水平的チャネル関係で生成するコンフリクトとして顕著である。

流通システムにおける共通目標を実現するためには，チャネルを効率的にコントロールし，チャネル内部での利害のコンフリクトを緩和することが必須となる。最終的に，コンフリクトが統制される場合，システム構成員の相互理解が深まり，適度な緊張関係が構築されるため，システム全体にとってプラスの効果が期待される。

次に，上記のパワー・コンフリクト論を，図解思考により，Three-dimensional solid figure を使って概念理解することにしよう。Three-dimensional solid figure は余計なものをそぎ落とし，物事の本質を導出するものである。

　全体の流通システムにおけるパワー分析の概略図を書く。流通システムにおける「メーカーと流通業者のポジショニング」を説明するための軸の概念を考える。

　なお，ここでのパワーの定義は，石井淳蔵［1983］に従い，「ブランド，シェア，販売依存，仕入依存」を含め，便宜的に「資源依存度」とする。

① メーカーから流通業者へのパワー行使
② 流通業者からメーカーへのパワー行使
③ 環境の不確実性

の3軸を想定しよう。各自，大・中・小の3段階に峻別した「3次元立方体」で考察する。

　かかる立方体の27個のスクェア（Squares）のどこかに，「ひと組のメーカーと流通業者間のポジション」がプロットされる（図表3−3）。以下，この3次元立方体を活用して，どのようにメーカーが流通業者との間のポジションをマネジメントしているのか検討する。

　メーカーにとって合理性を追求する上で墻壁なのが，

（A）環境の不確実性が高く
　　　かつ
（B）「流通業者からメーカーへのパワー行使」が大きい

ケースである。

　とりわけ，メーカー側からすると，「スクェア27」にポジションするケースは，とてもリスクとなる。そこにおいては「流通業者からメーカーへのパワー行使」は大きく，「メーカーから流通業者へのパワー行使」は小さいため，流通業者の行動次第では必須の資源を得ることができない。加えて，メーカー自体，その事業継続自体が難しくなる。

第3章 先行研究と円環型流通チャネル 47

図表3－3 パワー行使と垂直的マーケティング・システム

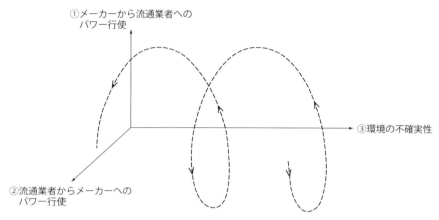

市場取引から垂直的マーケティング・システムへのシフトは，3次元曲線のようにすり合わせ等，長いスパーンを必要とする

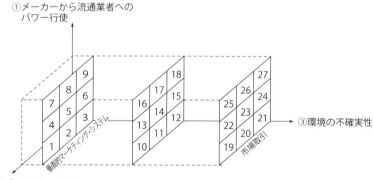

 そのため事前に，流通業者の行動を推測できることが不可欠となるが，「スクェア27」においては，環境の不確実性も高くなっている。すなわち，「スクェア27」にポジションするメーカー側は，

(α)「メーカーから流通業者へのパワー行使」を増加させる（スクェア26へのベクトル）

(β)「流通業者からメーカーへのパワー行使」を削減させる（スクェア24へのベクトル）

(θ) 環境の不確実性を削減する（スクェア18へのベクトル）

以上，3つのうち，どれかを採択しなければならない。

なお，他スクェアに関しても，枢要なケースについて考察を加えておく。Stern［1967］の定義に従えば，「流通業者からメーカーへのパワー行使」が弱いのであれば，メーカーの持つ自律性レベルは高いため，スクェア1，2，3，10，11，12，19，20，21 がこれに合致する。

環境の不確実性のレベルこそ，スクェア1，10，19 は違うけれども，どれも「流通業者からメーカーへのパワー行使」は強く，「流通業者からメーカーへのパワー行使」は弱い。たとえば，流通業者と取引している大手メーカーの取引関係の現実がこれであろう。かかる状況では，メーカーが何か物事を遂行しようとする際，メーカーが流通業者にそれに従わせることも可能である。仮に，取引停止や価格引き下げ等，メーカーにとって損失となる行動を，流通業者が行おうとしても，メーカーがそれを制御することは十分可能である。そのため，メーカー側は主体的に環境の不確実性を削減しようとするインセンティブは弱い。

「流通業者からメーカーへ」「メーカーから流通業者へ」共にそのパワー行使が大きいのが，スクェア7，12，16 となる。実際，需要・供給の双方とも集中してバランスしている関係（双方独占）がこれに合致する。

ここにおいては，互いに双方の行動が，自分にとって大きな影響を附与することとなるため，環境の不確実性を削減する必要性はかなり高い。

「流通業者からメーカーへ」「メーカーから流通業者へ」共にそのパワー行使が小さいのが，スクェア12，21 となる。実際，メーカーの行っている総取引の中で，双方ともに，流通業者との取引が少ない比率の関係となる。

ここにおいては，メーカー側にとって，流通業者の行動が大きな影響を附与

することはないため，メーカーが主体的に，環境の不確実性を削減する必要性は生じない。

それでは次に，スクェアからスクェアへのシフトは実際にはどのようにして実現されるかについて，考察を加えてみよう。まずは，主体の異なるパワー行使とは，具体的にどういうことなのか。

(α)「メーカーから流通業者へのパワーの強化の方策」とは，
　　= Three-dimensional solid figure の第①軸の正方向を指す。
(β)「流通業者からメーカーへのパワーを削減する方策」とは，
　　= Three-dimensional solid figure の第②軸の負方向を指す。

以下，(α) に関して，市場取引以外に典型的なものとして，組織取引，中間取引（流通系列化等）の2つの側面について具体的に検討を加えておく。

第1に，市場取引の対極に位置する組織取引である。長期的取引を前提に成立する内部化取引である。メーカーと流通業者との取引を，市場取引から組織取引にシフトする行動は，たとえばスクェア23からスクェア14へのシフトと理解可能である。それは，市場取引という不確実性の削減行動となる。この際に注意を要する点は，セル23からセル14へシフトするのでなく，ややセル16寄りに動くことである。

それは組織取引の長期固定取引という特性を理由とする。もちろん，自律性は低下するが，不確実性削減の代替として，互いのパワーが増加する。組織取引を示す典型的なシフトとしては，22 → 13（やや16寄り），23 → 14（やや16寄り），24 → 15（やや17寄り）となる。

第2に，メーカーが流通業者に系列化されるケースである。系列化によって，わが国企業のチャネルが特徴づけられていることは，マーケティング領域において周知であるが，そこにおける取引分析の基本的モデルは，たしかに風呂勉［1968］や石原武政［1982］，あるいは高嶋克義［1994］が言うように，メーカーと流通業者の間の交渉にあったとされる。「流通業者からメーカーへ」のパワー行使が大きく，それに比較して「メーカーから流通業者へ」のパワー行

使が小さく，そのポジションからの回避が難しい状況を想定してみよう。ここにおいてメーカーは，主体的な不確実性削減が喫緊の課題となる。ここにおいて，メーカーは，流通業者の系列となることによって，自律性は失われる。しかしながら，典型的なスクェア間のシフトは，27 → 9 となる。

　第3として，メーカーが流通業者を系列化するケースを考えたい。パワーの内容としては，流通系列化なので，当然，資本関係はなく，デシジョン・メーキングへの影響となる。「メーカーから流通業者へのパワー行使」が，「流通業者からメーカーへのパワー行使」に比してかなり大きいケースを検討してみよう。メーカーが流通業者を流通系列化すると，資源交換に対して不確実性がゼロとなる。同時に，「メーカーから流通業者へのパワー行使」がさらに増大する。加えて，メーカーにとって，流通業者の資源に対して継続確保が保障されるため，これまでの取引関係の他流通業者への資源依存度を大幅に削減することが可能となる。具体的なスクェア間のシフトは，22 → 1 となる。

　以下，(β）に関して，具体的に3つ考察する。

　「流通業者からメーカーへのパワーを弱める」ものとして，次の3つがある。

　第1に，流通業者内の資源をメーカーが活用していたが，技術革新で，その資源が不要となる。メーカーは，流通業者に対する資源依存度を低減する。そこでは資源依存がパワーであることを前提とする。セル間のシフトとしては，27 → 24，26 → 23，18 → 15，17 → 14。

　第2に，メーカー内の過剰投資，過剰配当，余裕人員などの余剰資源を活用することで，緊急時，メーカーは流通業者に対する資源依存度を低減する。そこでは資源依存がパワーであることを前提とする。セル間のシフトとしては，27 → 24，26 → 23，18 → 15，17 → 14（前段1と同様）。

　第3に，多角化によって，時代や消費者行動の変化によって生じる企業収益の変動が低く抑えられる。企業の事業が1種類しかない単一的経営の場合，何らかの要因によってその事業の収益が悪化してしまった場合，企業全体の収益が悪化してしまう。多角化のメリットとは，一つの分野の事業収益の低下をその他の事業が支えることができるということである。これは，メーカーが，流

通業者以外との取引量を増加させることで，資源依存度のうち交換相対量を減少させている。これによって，単一の流通業者への依存を弱めて，メーカーの保有する資源の新しい受入先を作ることができる。

以下，(β) に関して，具体的に3つ考察する。

第1に，商圏を広げるということである。メーカーが，未出店地域に新規出店したり，今まで取引のなかった取引先に，商品を売り込んだりする水平的拡大のことで，同業他社を M&A することにより，メーカーのパワーを増加させるものである。自社以外の代替が減るのをその理由とする。具体的なスクェア間のシフトとしては，17 → 16，14 → 13。

第2に，独占力を持つメーカーは，競争的環境に置かれた企業とは異なるさまざまな行動をとる。すなわち，資源に関しては同業他社が存在しないという状況を作る。

第3として，レピュテーション管理ができている場合，ブランドへの大きな影響が発生する。メーカーとの取引を，流通業者が継続したいと望む状況を作ることである。ブランドとレピュテーションは根本的に異なるものであり，ブランド戦略に力を入れているからと言って，レピュテーションリスクが少ない。

本節では，Three-dimensional solid figure を用い，パワー・コンフリクト論に基づく組織取引，流通系列化の概念的説明を試みた。Three-dimensional solid figure は余計なものをカットし，物事の根幹を理解するに当たり，有効な装置である。その基底には，流通システムにおける各主体のインセンティブを「パワー」に見出すという視座がある。この流通システムにおけるパワー・コンフリクト論は，システム構成者の行動原理の説明に関して極めて説得力があり，その分析がもたらす適用範囲も広く，理論的貢献度の高いものと評価できよう。

しかし，その反面，システム構成者間でのパワーを問題とするため，流通システムにおけるシステム構成者のパワーの非対称性に瞠目するあまり，「協力」という概念が重視されていないという限界を持っていると考える。

本節は，ICT 革新が将来もたらす，より大きなシステムの作動，相手組織

が複数個存在し，それらが資源依存関係ないしは競争関係を有したシステムの作動を，今後，分析するための基礎として位置づけるべきものと考えられる。

第3節　ICTと流通システムの先行研究：チャネル論の最前線

3.1　垂直的戦略論

　1980年代以降の躍進を，技術革新における能力を考慮することなしには，日本流通業の国際的競争における成功を十分に説明することができない。これまでに取り上げたいくつもの要因が，実際にさまざまな形で技術革新との連関を含んでいた。たとえば，日本の垂直的マーケティング・システムと技術革新，とりわけICTとの関係については矢作敏行［1997］の議論がある。

　矢作敏行［1997］は，いち早く技術革新（POS：point of sales）を取り入れたCVS（Convenience Store）を高く評価する。POSは，直訳すると「取引をする場」となる。近年では，POSシステムをタブレットやスマートディバイス等を活用し，簡単に大幅にコストダウンした形で導入することもできるようになり，あらゆる業種・業態での導入が進んでいる。しかし，この1980年代は，まだそこまで進展してはいなかったけれども，ICT革新と流通システムの考察においては，充分な貢献を果たした。

　POSシステムによって，CVSは商品情報をリアルタイムで把握しながら，売上・仕入・在庫の管理を徹底させた。さらに企業間のオンライン直結による受発注システムとの連動をはかって，多品種・少量・多頻度流通の効率化を達成した。そしてこうした具体的な基礎となり前提ともなるのが，顧客データベースとなる。それは，情報の累積効果に基づきながら，消費者のリアルな欲求＝個性の抽出をはかるものといえる。そのことは，いわばICTを通じた消費者の統計処理的な細分化，クラスター化であって，徹底した差別化商品を押し込むための強力な手がかりを確保するものといえる。懸田豊［1996］によれば，スーパーよりも早くCVSがPOSを導入した背景として，CVSは，矮小な売り場で利益を出す必要性，取扱い品目の少なさ，非価格訴求，以上3つを

挙げている。

　POSシステムの普及で，迅速に量の把握ができるようになった。そして，量の把握とマス媒体の充実により，顧客理解は性別・年齢（世代別）の切り口で大成功した。中小の流通業者は普段からそれぞれ狭い範囲の技術に特化している。そのため，統合的な大企業の内部でならば見落とされてしまいそうな小さな，しかし大切な技術の可能性を，このように懸命になって追求する。一つ一つはさほど目立たない無数の小改良を集積した結果としての技術変化の方が，目に見える大きな技術変化よりも日常的にはよく観察されている。製品の品質・性能や技術の信頼性を高める断片的で無数の改良や修正を積み重ねつつ，一定期間が経過すると大きな技術変化をもたらす様式として，とりわけCVSはPOSにたどり着いた（懸田豊［1996］）。微細なデータの蓄積や流通コストの削減に関わる企業組織内での漸進的改良型アプローチと言って良い。

　現在ではPOSレジシステムと，POSシステムとさまざまな形で連携する周辺機器を総称してPOSと呼ぶことが多い。たとえば，予約管理システムや在庫管理システム，オーダーシステムなど，店舗のすべてを連携させることで情報の一元管理を図る態様などが主流となっている。

　このようにPOSを活用してCVSは，技術開発における大企業の硬直性を免れて，末端組織の現場情報と創造性をふまえながら，しかも純粋な市場取引に伴う機会主義から生じる取引コスト，つまり情報の秘匿や必要な投資コミットメントの回避という非効率性をも免れることができた。このICT革新（POSシステム）に伴う流通産業の躍進は，「第2次流通革命」と称される（久保村隆治［1996］）。

　「流通のイノベーション」の視座に立脚する上田隆穂［2016］によれば，本章第1節で論じた1950年代に発明・普及するチェーン・オペレーションに，セルフサービスとワンストップ・ショッピングを加え，「流通の＜組織化＞イノベーション」と位置づけ，この1980年代のPOSシステムの導入と普及を，「流通の＜情報化＞イノベーション」として定義している。POSシステムの普及で，迅速に量の把握ができるようになった。

　これらの背景には，独占および寡占メーカーが一般的に生産量を制限して価

格を吊り上げるような企業行動の形に対して，流通・マーケティング研究者たちは，日本の寡占企業が需要の持続的成長の予想の下で，シェア最大化行動ないし売上最大化行動をとること，そしてその帰結として，大量生産・大量販売と価格の低下によって特徴づけられる競争的な寡占市場が出現していると説明した。

　風呂勉［1965］，石原武政［1981］を継承した高嶋克義［1994］による「チャネル組織論」の後，ICTの進展を踏まえ，「パワー」や「コンフリクト」のみならず「協力関係」に軸足を置く流通・マーケティング研究者が，精力的にこの垂直的マーケティング・システムの製販提携を研究課題とした（石原武政・佐藤善信・岡本博公・上原征彦・石井淳蔵・川辺信雄・小川進［1996］）。

　風呂勉［1965］からはじまった流通システム研究は，この矢作敏行［1997］のICTの発展を軸に「垂直的戦略論」以外にも，渡辺達朗［2000］の「垂直的協力関係論」など，積極果敢にこれらの研究領域がカバーされた。

　日本型流通システムは，終身雇用，年功序列型賃金制，および企業別（あるいは企業内）組合に加え，第4の要素として特徴づけられ，この時期，「Keiretsu」という名で，ハーバード大学の博士論文に登場することになった。流通系列は，オープン型労働市場，職務給制，産業別労働組合，短期スポット取引という欧米企業のシステムに対比して，旧態依然的な特徴を持つものと，これまで理解されてきた。だが，この時期，流通系列の特徴が，変化に対応するフレクシビリティを通じて，継続的な販売売上上昇をいざなう基本条件であると考えられることとなり，逆に評価されることに転じた。こうした議論に関連する文献として，上記文献を加えてよいであろう。

　しかしながら，これら論者がすべて，日本の流通系列に対する旧態依然的な特徴に関する批判的態度を即座に捨象したというものではむろんない。ただ，日本型流通システムが日本企業の発展の妨げとなるのではなく，むしろ急速な成長を支える条件になっている側面があると主張したものであった。その後，2001年代の急速なICTの普及により，流通システムは，より複雑で多層複合的な局面を露わにすることになる。

3.2 オムニチャネル論

　さて，技術革新と日本の流通システムの関係を論じようとするとき，「オムニチャネル論」に関するグローバルな，近年の新しい理論的展開が重要な意味を持っている。

　2015 年，*journal of retailing*（premium journal）において，初めて"マルチ・チャネル特集"が公刊された。

　論文掲載者 Verthoef, Kannan and Lnman［2015］に従うと，「オムニ」とは英語の接頭辞で，「あらゆる」とか「あまねく」といった意味で，流通システムに対して使われるケースでは，「すべての販売経路」という意味となる。定義は多種多様であるが，いわゆる一般の店舗小売以外に，TV やカタログの通信販売などの既存の販路に，インターネットという新しい経路を加え，全部の販路でモノ・サービスを小売りするといったことを想定すると判りよい，とする（Rigby［2011］)。

　もちろん，インターネットとは言うものの，上田隆穂［2016］に従うと，近年は接続するデバイスもパソコンのほかスマートフォン，タブレットと多様となる。また，ネットで予約して店舗で受け取ったり，逆に店舗小売で試してネットで買ったりと，購買行動もネットとリアルの垣根がなくなっている。オムニチャネルという用語には，単に実店舗である店舗小売でも，ネットでも商品を売るという機能のみを指すのではなく，消費者や商品に関する情報を販売チャネルの区別なく連携させ，多様化した消費者の購買行動に対応しようという意味が含まれていると考えられる（Lynch and Ariely［2000］)。

　要言するに，オムニチャネルとは，現在，小売業界が最も注目している販売戦略の一つで，前述したように，オムニは「あらゆる」の意味を示す。店舗小売業や EC（電子商取引）サイト，電子メール，ソーシャル・メディアといったチャネル（顧客接点）をシームレスに統合し，どのチャネルでも顧客に同じ購買体験を提供しようというものである[5]（Piskorski［2014］)。

　「流通システム論」の視点から論じたものに，上田隆穂［2016］，矢作敏行［2016］がある。もっとも，上田隆穂［2016］に関しては，自身で述べている

ように"これだけではいささか十分といえない言及ではあるが本書でリアル店舗に主眼を置いて検討しているため，この程度の言及にとどめておく"としている。そこでは Pine Ⅱ & Gilmore［1999］の経験価値の考え方をマクロ的にオムニチャネルに援用する重要性を指摘するに留めている。

　矢作敏行［2016］は，「オムニチャネル」の本質を，既存チャネルの消費者起点での活用方法の変化の源で，モバイルを活用した流通チャネルの個別最適配置，流通機能の脱構築「流通アンバンドリング（流通機能の「束」の解体)」であるとする。

　矢作敏行［2016］を踏まえると，技術革新と流通システムについての概念として，現代のオムニチャネル論の共通の出発点は，Bell et al.［2014］の理論となろう。本節では，最先端のオムニチャネル先行研究を踏まえた，Bell et al.［2014］の「オムニチャネル理論」について言及する。

　Bell et al.［2014］の体系は技術革新を軸に据えた，NRF Mobile Retail INITIATIVE［2015］の「マルチ・チャネル論」および「クロス・チャネル論」の成果である「顧客進化プロセス」を見越したダイナミックな理論である点で，単純な「O2O 論」とも異なっており，米国経済の躍進が明らかになるにつれて Bell et al.［2014］の理論への関心が高まっている。

　NRF Mobile Retail INITIATIVE［2015］でいう顧客進化プロセスとは，「小売業者の最適な目標を，消費者のためのユニークなブランド・エクスペリエンスを達成することに置き，消費者と小売業の接触ポイントのシングルチャネルが，マルチ・チャネルとなる。そしてそれがクロス・チャネルとなり，オムニチャネルへ進化するというプロセス」（NRF Mobile Retail INITIATIVE［2015］）を提示する（図表3－4）。小売業者は消費者に複数の統合チャネルを提供する必要はないが，主要な小売業者は，関係を強化する方法に焦点を当てる必要があることを強調する。NRF Mobile Retail INITIATIVE［2015］におけるここでのモバイルディバイスは，Amazon や eBay のようなアプリを使用することができることを付記している。

　もっともここで，O2O にも簡単に触れておく必要があろう。O2O とは，

図表 3 − 4　消費者と小売業の接触ポイントの進化

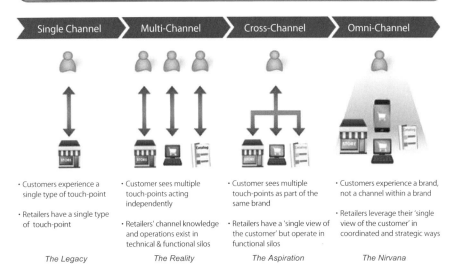

出所：NRF Mobile Retail INITIATIVE［2015］。

　Bell et al.［2014］のオムニチャネル理論の骨格を形成する理論で，「Online to Offline」，つまりネットの情報からリアルな店舗へ，販売のために顧客を誘導する「動線」を示す用語である。最初に O2O という用語が注目されたのは，販売チャネルの多様化によるリアル店舗の「ショールーミング」対策からである。実店舗で製品を確認し，気に入ったらその場でスマートフォンを使って最安値を検索，1円でも安いネット店舗で購入するといった消費者の「賢い買い物」行動をいかに自社の収益に取り込むか，というのが当初の命題であった。現在では，オンライン・コンテンツのアクセシビリティを最大限に活用して，オフライン店舗の価値をユーザーに届けることが求められている。

　上記 O2O 論を含め，Bell et al.［2014］のオムニチャネル理論は幅広いものであるが，マルチ・チャネル論，クロス・チャネル論，O2O 論と，いくつかの共通点を持った議論を含んでいる。それらの共通点は，スマートフォンのような常時持ち歩ける端末が普及した結果，顧客は時間と場所を問わず買い物が

できるようになった背景の下，あらゆる場面がチャネルになったということである。この背景を踏まえて，店舗小売業もその変化への対応を迫られているが，ここで小売店が先行することで大きなアドバンテージが得られるという論理の組み立てで，論が進む。

そこにおいては，オムニチャネルの本質的な目的は，「あらゆる時と場所」で，カスタマージャーニーに基づく顧客のニーズを満たすことである。ECサイトの構築やモバイルディバイスを活用した来店誘導の動線構築などといった，ネット事業の強化や単純なO2O施策だけを意味するものではない。

具体的に，彼は図表で，オムニチャネルのポイントを説明する（図表3－5）。彼が注目するのが，チャネルのシフトの動向である。

Bell et al.［2014］の提言する「オムニチャネル理論」とは，消費者は，オンラインチャネルとオフラインチャネルの相互のシフトを，彼らの思考や行動の中でますます展開しており，この新しい環境で勝利するためには，企業側もオムニチャネルを展開しなければならないということである。図表3－5は，2つのコア・チャネル機能（縦軸：オフライン／オンライン，横軸：来店／配送）と，顧客に適切な経験の組み合わせを提供するための明確な戦略を持つことを意味

図表3－5　オムニチャネル論における4つのマトリックス

	Pickup	Fulfillment	Delivery
Offline	❶ Traditional Retail ・HomeGoods ・Ross		❸ Online Retail Plus Showrooms ・Warby Parker ・Bonobos
Information Delivered			
Onine	❷ Shopping and Delivery Hybrid ・Crate & Barrel ・Toys "R" Us		❹ Pure-Play E-Commerce ・Amazon.com ・Overstock.com

出所：Bell et al.［2014］．

する。

　小売業者がオンライン象限（2と4）で事業している場合，カタログやウェブサイトなどの遠隔手段を介して消費者に「製品に関する情報を提供する」ことになる。この形式の情報提供は，「非デジタル」属性を伴わない製品に最も適している。非デジタル属性とは，たとえば，アパレルや食品等で関連カテゴリーの魅力や感触，製品の味や質感などである。これらは，いくら最新3D技術が発達していても，身体接触等なしに観察し，評価することは，完全には困難である。

　非デジタル属性に関する不確実性は，消費者がオンラインで購入する意欲の妨げとなる障壁であり，初回のオンライン購入にとっては特に重要な鍵になっている。すなわちそれが抑止力となっている。消費者がブランドや製品に関する身体接触等の経験をすると，その後のオンライン購入のための意思決定の拠り所となる可能性がある。

　逆に，企業が上位の「オフライン」象限（1と3）で事業している場合，製品への物理的アクセスを介して消費者が製品情報に直接アクセスできるようになる。この情報配信方法は，重要な「ハイタッチ」要素，重要なサービス要件，または重要でない非デジタル属性を持つ製品を小売する場合に特に適している。

　最終的に Bell et al.［2014］では，オンライン象限（4）は，象限（2）（3）へ，オフライン象限（1）は象限（2）（3）（4）へとシフトする戦略の要請を主張している。製品や小売のカテゴリーの形成と変容に関する研究として，企業側と消費者側の両面からカテゴリーの拡張を捉える。オフラインとオンライン，来店と配送の枠組みによってカテゴリー拡張のダイナミックスを捉えるところが斬新である。

第4節　円環型流通システム：オムニチャネル論を超えて

4.1　オムニチャネルの現実

　本書では，開始したばかりに見えるオムニチャネルという新しい流通チャネルが，ここ数年でマーケティング研究の中心になっていくと考えている。その

理由は，消費者はすでに変化してしまって，この変化に企業のみならず流通・マーケティング研究者が，アカデミックな対応を迫られているからである。

　2001年当時，伊藤元重［2001］は，ICTにできないところに，店舗小売店の生き残りの道があるとして，自動車ディーラーの試し乗り，修理，検査，を例に挙げ，Face to Faceでのビジネスチャンスを説いた。その中には，靴の採寸に触れる箇所もあった。

　このように，ICTができないところを探索する，換言すれば「小売業の境界」を探ることが重要であるという視点は，アカデミックな見地から「取引コスト概念」と絡めればよくわかる。当然，伊藤元重［2001］の言っていることは，正しい。しかしながら，技術革新の動向が，伊藤元重［2001］の想定よりも早いため，ICTにできないところは何かを見極めるのが困難になっているのが，「I to A 前夜」の現代なのである。

　ファッション業界での「採寸」というのは，Face to Faceでないとできない，というのが，これまでの常識であった。まずファッション業界を考えてみよう。

　洋服をネット通販で買うのをためらう消費者は多い。試着できて，自分にサイズがフィットしているかを確認できないのがその理由となっている。加えて，実際に見たときの色味を確認できないのも理由となっている。このような消費者のボトルネックを店舗小売店側から解決し，なおかつ店舗小売側が在庫を持たず，接客（採寸，助言，会計）に専念することを可能にしたのが米国内に20店舗を持つボノボ（Bonobos）である。

　米国ボノボでは，購買商品を持ち帰ることはできない。都心部店に，電車で来ている場合，これは重要な要素となる。もっともその店舗で実際に商品を手に取ったり，試着したりすることは可能である。理由は，店舗にあるのは，展示品のみで在庫を置かないためである。店員"Guide"の仕事は，採寸，洋服のコーデ助言，会計，のみとなる。

　消費者の購買希望商品を，Guideが，Bonobosのネット・ショップでカート

に入れて決済してくれ，自宅まで郵送する手続きを取ってくれる。もしくは消費者が，iPHON 経由で注文することになる。店舗販売しないことで，とりわけ男性消費者にとってプレッシャーがなくなる。通常，翌日には，買った服が希望地に到着する。

　すなわち，ネットストアがガイドショップのバックルームとなっているのである。消費者は，手ぶらで来て，手ぶらで帰る形となる。在庫を持たない店舗のため，店舗スペースを削減できるし，接客は，在庫の出し入れがないため，消費者に専念できる。

　本来，ターゲットは，ネット・ショップの利用者であるため，家賃の高い大通りに店を構える必要がなく，店舗の運営コストを大幅に下げることに貢献している。

　2018 年時点で，ボノボで購買した消費者は，ネットの Web サイトのみを訪れた人と比較して 2 倍の金額の買物をするという結果が出ている。

　このように，「小売業の境界」とは，小売業と消費者の間における「クラッチ合わせ」と同義であろう。このクラッチ合わせに特化したサービス提供について，ファッション業界以外も検討したい。伊藤元重［2001］で示された自動車の購買時の「試運転」以外にも，家具業界，メガネ，靴の購入においては，クラッチ合わせサービスとしての「採寸サービス」が重要となろう。

　たとえば，次にメガネ業界の例を見る。

　高品質メガネの低価格（95 ドル）販売で躍進した米国ワービーパーカー（Warby Parker）も，店舗小売業として，ボノボ同様，消費者のための「採寸」サービスに特化している。やはりメガネは，どうしても，店舗で助言を聞きながら試着および採寸してみないと，不安を感じる消費者が根強い。これに対応するために，ワービーパーカーでは，大都市を軸に試着専用の店舗を幅広く展開している。店舗小売はあくまで採寸のみで，購買に関しては，ボノボと同じく，やはりネットのみとなっている。

　それゆえ，このワービーパーカーも在庫は一切なく，賃貸料をかけることなく経営でき，年間売上高は 1 平方フィートあたり 3,000 ドル（2017 年）という，

高級ジュエリー店ティファニー並みの売上を上げるまでになっている。

第3に，家具業界を検討する。

このような採寸（試着）だけに特化して展開する店舗小売は，日本の大都市を中心に増えている。採寸サービスは当然，衣服やメガネだけではない。ニトリでは，店内での採寸を「手ぶら de ショッピング」で提供している。

2017年5月以降，家具・雑貨のニトリでは，「手ぶら de ショッピング」というアプリを導入し，同社が提供する家具・雑貨を，消費者が自由に店舗内で，数百点の中からバーコード選択可能としている。ネットショップと連動しており，届けてほしい商品をそのままネットショップで購入するという仕組みである。

その際，家具・雑貨は，スマホのカメラで写した写真にサイズをメモできる「サイズ with メモ」など，便利な機能が付いているため，そのサイズも正確に出る。それゆえ，希望する自宅空間に家具・雑貨が収納できるのか否かの際，寸法のわかる利便性がある。これは，店舗に来て写真を撮れば可能であり，店舗での「寸法」サービスの提供といえる。

それはあたかも，結婚サービス業でのマッチング後の「顔合わせサービス」と同じ原理，クラッチ合わせのサービスである。

ここまで見ると，まさにオムニチャネルの例といえ，境界線があやふやとはいえ，「採寸」する場が残され，店舗小売店の存在理由が示され，店舗小売店はネットとシームレス化する，という立論が成立する。

4.2　アマゾンによるリアル店舗の買収

こういった事実を背景に，Bell et al.［2014］の「オムニチャネル論」では，最終的に，オフライン象限（1）は象限（2）（3）（4）へ，オンライン象限（4）は象限（2）（3）へ，とシフトする戦略の要請を強調している。

前者の（1）は，すべての象限へのシフトを主張しておきながら，後者の（4）に関しては，すべてのベクトルではなく，店舗小売の方向への発展を支持していないところに大きな特徴がある。

これはおそらく，Lascy［2013］での投稿論考『伝統的小売業者の死』が影

響しているのは，確実である[6]。事実，米国研究者をはじめ，海外の流通・マーケティング研究者が，オンライン象限へのシフトを進める一方で，オフライン象限へのシフトを声高に叫ぶものは殊の外少なくなった。

　しかしこれらの理解のためには，オムニチャネル分析に重要なのは，実は，「情報の収集機能および解釈機能」であることの裏返しであることを理解しなければならない。潮目が変わりはじめたのが，2016年である。

　たとえば，2016年2月，オンライン企業の代表アマゾンは店舗運営を担う子会社を設立し，実店舗の本格展開を始めた。翌2017年8月，アマゾンは，店舗小売店ホールフーズ・マーケットを買収した。これにより，2017年9月-12月で，生鮮食料品ネット販売売上高が1億3,500万ドルに達し，年比35％増加した。また，同じ非ネット系の動向としては，「Amazon Dash」と「Amazon Echo」の動向も見逃せない。

　Bell et al.［2014］の「オムニチャネル論」では，最終的に，オンライン象限（4）は象限（2）（3）へ，オフライン象限（1）は象限（2）（3）（4）へとシフトする戦略の要請を強調していることは確認した。

　このオンライン象限（4）の象限（2）（3）へのシフトに対し，アマゾンの店舗運営子会社設立（2016年2月），ホールフーズ買収（2018年11月）後，象限（1）へのシフトを加えるよう主張しているのが，奥谷孝司・岩井琢磨［2018］である。またグローバルな学会でも，流通・マーケティング研究者の発表内容は，象限（1）へのシフトを加えるべき主張に変化した。

　なるほど，Bell et al.［2014］あるいは奥谷孝司・岩井琢磨［2018］における既存チャネルでは，「生産・流通」の主体は，オフライン，オンラインいずれにせよ，あくまで「企業」という概念を前提条件として考えていた。

　しかしながら，ICTの進展の中，企業はことと次第によると，「消費行動」という消費者の購買行動の「認知」から「興味」「比較」「購買」「受取」（アフターサービス）までのプロセスに，必要に応じて奉仕する，単なる奉仕単位（サーバー），すなわち「個別的なサービス提供のひとつの単位」になってしまった，とも言えないであろうか。繰り返すが，その理解のために，オムニチャネル分

析に重要なのは，実は「情報の収集機能および解釈機能」であることを見定めなければならない。

　ホールフーズ買収後の，生鮮食料品ネット販売売上高年比35％増加，単純にこれを，アマゾンによるオムニチャネル戦略の売上高増，あるいは，消費者とのコンタクト・ポイントの増加（ネットと店舗小売店の販路の拡大）と理解すれば，大きくその判断を見誤ることは必至である。

　アマゾンの目論見は，当然，チャネル拡大にあるのではない。それは表層の事柄である。アマゾンの目論見は，ネットと店舗小売の融合によるチャネルを通じて，消費者行動の莫大なデータ，すなわち「情報」の収集・解釈にある。そして次段階は，その情報の加工・発信（アマゾンの見地からは商品開発・販売）にある。現に，アマゾンは，EC情報からPBの乾電池を発売し，売上全米ナンバー1となった。そして最終段階がそのサイクルの持続的な流通システムの構築にある。

　換言すれば，おのおのを活用して，各消費者1人1人に対して，製品・価格・プロモーションのそれぞれをオプティマイズ（optimize）する戦略を開始してくるのは必至である。すなわち，4Pではなく，Schullz, Tannenbaum, and Lauterbornn［1993］の提唱した4Cを，マーケティングツールを組み合わせることで進めてくるであろう。

　それが研ぎ澄まされて出来上がった際の影響は，想像の域をはるかに超えるものとなろう。事実，アマゾンは電子商取引において，消費者の購入履歴などの情報の収集・解釈からレコメンドの情報に加工し直し，その情報を消費者に発信し，販売促進をオプティマイズしている。

　アマゾンのオムニチャネル戦略の次ステップはおそらく，情報の編集と発信，すなわち「コスト・リーダーシップの確立」と「新製品開発」に基づく，消費者への新製品・サービスの発信にある。アマゾンのオムニチャネルにいう「コスト・リーダーシップ」とは単純な低価格販売を示しているのではなく，情報に基づくコスト・リーダーシップの仕組み構築にある。そして最終的には，そのサイクルをPDC（plan-do-check）で回して，持続的なマーケティング・システムとして堅固なものに作り上げることである。

第 3 章　先行研究と円環型流通チャネル　65

　それを裏づけるかのように，ホールフーズ・マーケット買収後，アマゾンは，ホールフーズ・マーケットの「消費者情報」をもとに，自然食品 PB をネットで販売し始めた[7]。こうした施策が，AmazonFresh の売上高を押し上げたものと考えられる[8]。

　すでに，アマゾンは，オンライン店舗（アマゾン通販）においても，プライム店舗会員の価格優待を拡張している事実がある。アマゾンが実践しているこの流通システムがまさに，本書が看過すべきではないと考えるオムニチャネルにおける流通システムの肝となる。

　このように，「情報」を軸に物事を見ていくのが，本書のポイントである。それは，流通・マーケティングの意思決定（Decision Making）は，情報を基盤に行うのが基本であるのをその理由に置く。

　必要となる「情報」を格納しておく場が，サーバー（server）である。サーバーから情報を受け取る側を消費行動（client）とすれば，サーバーはクライアント（消費行動）からの求め（リクエスト）に応じて，格納しておいたサービスを提供するのみとなる。操作手順よりも操作対象に重点を置く考え方と言ってよいかもしれない。本書では，操作対象ではなく，そのメッセージを重要視する（メッセージ指向）。

　すなわち，「消費行動」は，あるときは製品認知・サービスを受け，また，価値創造サービスを受け，販売サービスを受ける。

　そうであれば，企業それ自身の内に，ヒト，モノ，カネという経営資源を蓄えることが，流通業者，メーカーの成長の源泉という常識は通じなくなる。「価値チェーン」の再構築，ダイレクト等への邁進である。サーバーの担い手は，消費者ニーズを把握して，それに応える企画の主導権を取って，他サーバーを活用して，利潤極大化を邁進することが可能となる。主導権を握られなければ，たとえ大規模小売店といえども，情報だけの供給に甘んじる存在となり，他企業へのパワー統制や企画・設計への従属を要求することは困難となる。

　現在，国内の流通業でも，強力な流通のプラットフォームとして，川下（消費者側）の情報を蓄えた大規模小売店などは，そこでのニーズの把握をもとに，

商品企画を行う．そして，必要ならデザインを外注し，プライベートブランド（PB）の商品開発を行う．メーカーは大企業といえども，この場合，アウトソース先の生産のサーバー（サービス提供者）に甘んじることにさえなる．

　本書では，オムニチャネルを分析するには，「情報の収集機能および解釈機能」が枢要であるというアプローチをとった．このアプローチでは，今後のマーケティング・システムにおける枢要な視点は，もはや「店舗小売かネット販売か」の2項対立ではない．

　これを裏付ける，新しい動向が開始された．アマゾンのホールフーズ買収から4カ月後の2017年12月，「計測はZOZOSUITを着て，アプリに従って撮影するだけ」．これは，日本ZOZOTOWNが，自宅にZOZOSUIT（内部計測センサー付）を送付し，消費者が試着して無料返送すれば，採寸が終わる方式である．一度も来店することなく，ZOZOTOWNから採寸に基づいたレコメンドを受け，衣服を購入することが完了する．

　この要点は，従来，ネットよりも店舗小売の方が優れていた機能やサービスの領域に，ネットが浸食してきているという事実である．

　本書の主張は，「店舗小売店かネットか」ではない．本書では，将来のマーケティング・システムの方途は「ボトルネックの解決」にあり，その焦点も2項対立の議論の継承ではなく，次のボトルネックを探し解決することに向かってゆくと考える．

4.3　星型流通システム

　このような2項対立の超越へのベクトルは，実際，製品・サービスの根幹の「情報流」の枠組みを，既存のリニア型流通システムからコンストレーション配置の「星型流通システム」へと変質させてしまう，と本書では考える．

　消費者を中心に各システム構成者（流通業者・メーカー・卸売業者等）がコンストレーションされる．この「コンストレーション」という用語は「布置」という意味以外に，星座の意味もある．この用語の使用法に限って，流通システムの各フェーズを統合する旗幟は，リニアでなく，星型と考える．

この項では，消費者に影響を与える情報流として，リニア型に代わり，「星型流通システム」をまずは，2段階のうちの最初の概念ステップとして提案する。拙稿［2018a］拙稿［2018b］の仮説：

> 情報ネットワークとそれを支える流通システムの形態は補完性を持ち，構造的に同型になるように進化する

つまり，それぞれの産業にふさわしい流通のシステムは，その産業の情報のあり方に従うということである。したがって，今後の企業の流通システムは，星型流通システムに移行していくというのが拙稿［2018a］拙稿［2018b］の予測するところであった。この仮説は2016年に想定，2018年に提出されたものであるが，今後10年間，その暫定的な結論は極めて妥当なものと考えられよう。

Foucault［1977］が主張するように，パノプティコン（牢獄）の星型構造は，こうした意味での情報流と同様の流れを最も効果的に，すなわち最小の

図表3－6　星型流通システム

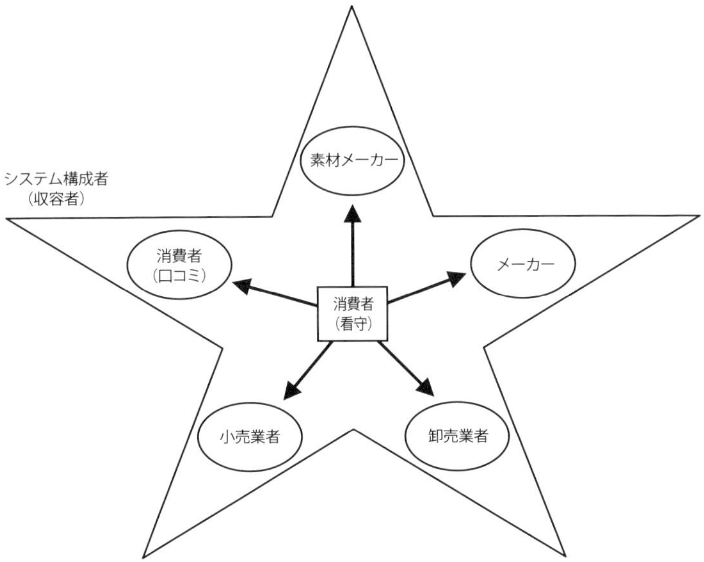

努力で最大の効果を実現するための具体的な装置である。パノプティコン (Panopticon) は邦訳すれば全展望監視システムのことで，「すべてを」(pan-)「みる」(-opticon) という意味である。

　Bentham は，このコンセプトを刑務所の設計に応用しようとした。パノプティコンは，多層型コンストレーション構造に配置された囚人たちの部屋が，中心の「看守塔」に面するよう設計されている。

　「看守塔」からは，すべての囚人を 24 時間監視することができる。この特徴によって，最も少ない看守の数で，多くの囚人を監視することが可能となる。Bentham は，それによって牢獄のマネジメントの効率化を達成した。その後，米国を皮切りに，いくつもの牢獄がこのパノプティコンのコンセプトで建設されたことでわかるように，「最小の努力で最大の効果」を引き出す象徴的体系として，すなわち効率的システム概念として援用されているのである。

　さてこの文脈において，これが現代では牢獄だけの話ではないことは，周知であろう。すなわち，中心に位置している「看守塔」を「消費者」に，「囚人たち」を中心を取り囲む「サーバー」に置き換えれば，理解が進むであろう。

　全展望監視システムの「展望」という用語でわかるように，それは視点の逆転，すなわち，消費者から見た視点を展望と称す。あくまで，消費者目線での縦覧である。消費者から見たシステムづくりの重要性の指摘でもある。

　繰り返しになるが，星型構造の中心に位置するのは「消費者」である。星型システムの構成者すべてを縦覧できる一眼縦覧システムである。すなわち，消費者にはトータルな視野が開けていることになる。Foucault［1977］が言明しているように，既存の社会の秩序を維持するための最も基本的な装置である牢獄が，それに最もふさわしい形態を与えられていることは偶然ではない。

　基本的にこのシステムは，中心者にとって効率的な，情報の収集（同時に解釈）という機能を持つことになり，中心者が全方位を把握できるだけでなく，集まった情報の解釈に基づいて情報の加工・発信が可能であることが枢要となる。

　ここでもう少し噛み砕いて考えてみよう。この星型流通システムが「全展望監視システム」を援用して出来ているものであるからこそ，オムニチャネルの

核，情報流を理解することが可能となっていくのである。

　当然，星型流通システムを完璧なものに近づけるためには，その情報流の仕組みを理解することが不可欠である。

　星型流通システムの中心に位置している消費者は随時，多様なディバイスを通じ，企業のみならず，同じ消費者からの情報をも取り込み，理解の幅を広げる。その中にはレモン市場さながら，粗製情報，欠陥情報も含まれているが，効率的でシームレスな購買行動を実現するため多量の情報収集を優先している。

　このような理由から，客体であるはずの消費者がディバイス（ないしサーバー）からの情報を評価し，購買行動を促進するという不思議な構図が生まれている。主客転倒である。こうした原理を誰にでもわかる形で前面に押し出したのが，次世代に突入したともいえるICTの急激な進展とそれに呼応する流通システムの変容，すなわち星型流通システムにある。

　インターネット商業利用が許可された1993年，文字データに加え，画像データも扱える現在のブラウザのもととなるソフト（Mozaic）も同年開発され，それ以後，ネット販売の可能性が声高に語られ，何度も「マルチ・チャネルの時代」になったと言われてきた。しかし，ネットと店舗小売店の融合は考えられるほど進展していかなかった。と言うよりも，店舗小売は，カニバリゼーション（cannibalization），すなわち，ネット販売の拡張によって導入された新チャネルが，既存店舗小売店のチャネルと競合し，売上を奪い合うことを恐れた。実際，自社のネット・チャネルが既存店舗小売店のチャネルを侵食し，共食い現象を促すネットを敵とみなすような店舗小売店が多く存在している。

　具体的にオムニの原理に関する抵抗感として，「ショールーミング」と呼ばれる消費者行動が，店舗小売店を悩ませてきた。たとえば「店舗小売店に来店した消費者が，実店舗で商品を見て，販売員から商品説明を聞き，商品知識を得た後，実店舗ではなく，ネット注文する」という，ICT革新によって浮揚してきた新しい消費者行動である。

　では，それにもかかわらず，なぜ現在，オムニチャネルに光が当たっているのか，そこには理由がある。

第1に，EC（Electronic Commerce：電子商取引）の売上が好調であるのみならず，第2に，ソーシャルメディア（Line, Facebook, Twitter など）やスマートフォン等のディバイスの普及により，消費行動が大きく変わってきたのがその原因である。これに対応する流通システムの進化を，何度もいうように星型サーバー系と呼ぶ。

　新しい流通の進化を促したのは，スマホにより，いつ，どこから（たとえ店舗小売店の内にいたとしても）でも，欲しい時に欲しいものを，その場でスマホから購入するという理想的な消費行動が，現在「歴史史上」初めて可能になったからである。

　本書では，1960年前後を軸とする第1次流通革命（1955年－1965年），1990年前後を軸とする第2次流通革命（1985年－1995年）に対して，次の第3次流通革命を2020年前後を軸に展開すると推察し，この第3次流通革命（2015年－2025年）をこのシステムの内実を示すものと捉える。

4.4　円環型流通システム

　ソーシャルメディアやスマートフォン等のディバイスの普及による消費変化に対応する流通システムが，星型流通システムである。

　多様なディバイスの普及，とりわけモバイルやスマートフォンの普及は，新しい流通システムを創造している。スマホは，あらゆるものにコンピュータ機能が内蔵される IoT 時代の導火線を引いた源泉といえる。その意味で，それへの流通システムの対応は，「第3次流通革命」ともいえ，その影響の大きさを踏まえ，本書では考察する。

　以上，前節を中心に，消費者が位置する「星型」にコンストレーションされるのが，小売業者，メーカーなどである。それを「ディバイス」の視点からみれば，消費者からは星型は，円環（annulus）構造に見える。すなわち，店舗小売店も，メーカーも，消費者の見地からすると，ディバイスの一つに認識されることになったともいえる（図表3－7を参照されたい）。

第3章 先行研究と円環型流通チャネル 71

図表3−7 円環型流通システム

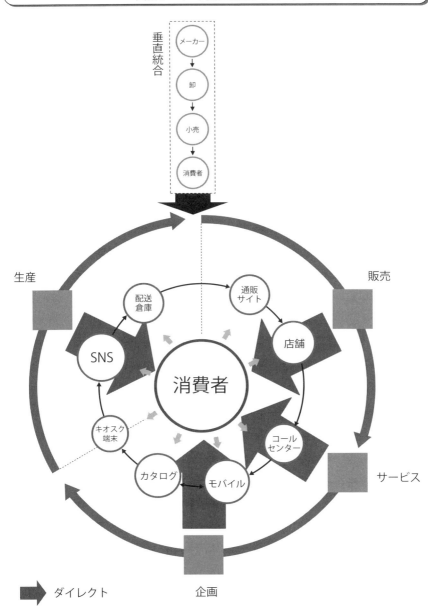

サーバーと位置づけられるメーカーや小売業者等は，円環型流通システムでは，同置（ディバイス）として説明すべき存在にシフトする。これ自体が，流通価値となり，新たな消費の行動への対応を示している。かような相互作用型構造を，本書では，ダイレクトモデルという文脈で言及する。

この円環型流通システムの特徴となる消費者は，マーケティングのターゲットである。また，同時に流通システムの構成者でもある。たとえば既存流通概念を基盤に考えると，消費者と企業は，その立論の構成原理が異なる。消費者を，双方の機能が結合する自己実現型多重層主体のような２つの顔を持つ存在として想定していなかった。そのため，互いが競争対象でないことから，消費者と企業，双方が併存することが可能であった。

しかしスマホがもたらした，消費者自身がマーケティングの主体になり得る状況は，実際，供給者側（メーカーや流通業者）と需要者側（消費者）との壁をメルトダウンさせている。スマホは情報伝達や「情報処理」だけではなく，個人が製品やサービスの提供者ともなる機会，すなわち情報の加工や「情報創造」し発信する機会を飛躍的に増やした。情報財をベースとしたマーケティング・システムは変動費が安価なため，動画配信や音楽ストリーミングのような定額会費（サブスクリプション）システムも増えている。

これらは，星型流通システムの「情報処理」面ではなく，「情報創造」面がもたらした，相互の情報流の従来流通システムからの飛躍といえよう。YouTuberに対する2017年の課金システムの大幅な変更後，たとえば，タイムバンク，SHOWROOM（仮想ライブ空間），インスタグラマー，ライブコマース，強力ブロガーなどの領域で，消費者が事業者としての顔を見せている。Kotler［2017］でいう「自己実現」である。

日本の流通システムの構造が，多様なディバイスの普及以降，購買面に限らず大きく変わり，新しい自己実現型マトリックスが完成している（図表３－８を参照されたい）。

図表３－８は（α）（β）（γ）（δ）の４つの象限に分けられる。縦軸が「メインストリーム度」，上部に行くほどメイン（たとえば，タイムバンクで知名度が高

図表3-8 自己実現型マトリックス

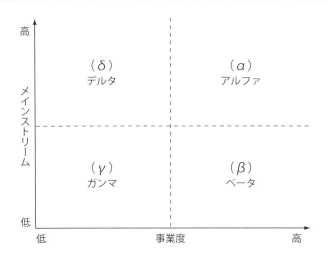

い等）で，下部の方はマイナー（知名度がない，あるいは低い）消費者とする。左右軸は「事業度」で，右に行くほど利益が大きいとする（たとえば，タイムバンクで高時給）。

　俯瞰してみると，消費者の世界は，(γ) の象限にいる人が圧倒的に多い。以前は，この (γ) から (α) にシフトすることで事業成立となった。

　しかし円環型流通システムにおいては，(γ) 象限から (β) 象限へシフトして，経済的に成功をおさめるシステムが出来つつある。(γ) の消費者のみならず，一般的な消費者が求めているのは，実はメインストリームを走ることでなく，個人での事業化の成立である。

　多様なネットワークディバイスが普及したことにより，Kotler [2017] でいう自己実現が可能となっている。マイナーでも事業化できる $(\gamma) \to (\beta)$ のマーケティング・システムが，新しく確立されたのは画期的である。先行して成功した「19ch.tv【塾チャンネル】」すなわち，「とある男が授業してみた」（数学教師）や「HIKAKIN」のように，大手企業に所属していなくても，YouTuberとしてうまくいけば十分な事業になり得る。数学の解法配信は，解法プロセス

が重要なため，必然的に視聴時間が増える。ニコ生の歌い手の「蛇足」や「恭一郎」も同様である。

　たとえば，近年の SHOWROOM（仮想ライブ空間）とは，タレント，アーティストの卵，素人，プロなどを含めライブ中継を行うものである。それが画期的なのは，革新的な課金システムを導入した点にある。人気の高い動画情報の提供者に，課金ポイントが積み重なっていくシステムである。通常，一般人が本を出すことは，一つの自己実現である。レジプレス社による「ビリギャル」で一般消費者を世に送り出した投稿サイト「STORYS.JP」（ビットコイン売買・決済サービス coincheck の前身）同様，高い配信者を CD デビューさせる取り組み（自己実現）などにも活用されている。いわば，「ネット版投げ銭システム」ともいえ，その場に行けない消費者の需要を掘り起こした，画期的な流通システムといえる。そこでは「共感」だけでなく「応援」が重要で，高いパフォーマンスに対してではなく，コミュニケーションで生まれる「絆」にお金が支払われている。

　このようにディバイスを利用して，(β) のエリアで成功している人が一般消費者に増えている。SHOWROOM のような，課金システムまで整ったサービスがそれを後押ししている。今後，決済方法に関しては，個人参加可能な分散型システムである「ブロックチェーン」（世界共通の暗算で低コスト決済）が普及していけば，円環型流通システムの下支えになるであろう。

　これまで，(α) に行くのは困難であった。しかし，(γ) → (β) へのシフトであれば，好きな事をして，消費者個人の意思のコントロールで収益機会をつくっていける。(γ) → (β) モデルの方が，これからの時代は安定的とも考えられる。大手企業が (β) への参入を進めている理由がよくわかる。星型流通システムにおいては，今後，(α) で利潤を狙うのではなく，(γ) → (β) を目指す動きが加速化し，(γ) → (α) に経営資源を投資する方策は陳腐化していくものと考えられる。

　ディバイスとしてのスマホなどの普及による消費者活用は，個人事業主だけでなく，当然，企業が製品やサービスの提供者ともなる機会も増やしている。

具体的には，消費者の時間の切り売り，すなわち「シェアリング・エコノミー」である。ウーバーやAirbnb等のシェアリングビジネスは，個人の余った時間や使用していない資産を提供するシステムを創造した。加えて，アイテム課金のモバイルゲームのように，多くの無料利用者を基盤に一部の有力顧客に課金する「フリーミアム」と呼ばれるシステムも，モバイル普及を基盤とする円環型流通システムの代表例である。

　その意味では，ここにいうサーバーとは，いかなる役割を遂行しているのであろうか。それは，消費者の要請するソリューションについて，主体である消費者に対し，客体として存在していることに相違ない。

　ここにおいて看過してはならないのは，流通・マーケティングにおいてはこれまで，企業を主体にマーケティング・システムを想定していたが，新しい流通システムにおいては消費者を軸にした理論の構築が喫緊になっている。そこでの幹は，これまでの流通システムは，情報処理，すなわち効率性が大きな役割を果たしていたのに対し，店舗小売店が，「採寸場」「ショールーミングの場」（衣服・メガネ・靴）になり下がった現在において，消費者にとって，店舗小売店は情報収集の場でしかない。他方，新たな流通システムは，スマホ等デバイスの普及を背景に，「情報創造」をベースに消費者の情報発信によるプロシューマー型へと転換する場になってきている。

　要言するに，将来の流通チャネルとは，「主体である顧客」と「客体であるサーバー」との関係において，最大の価値を創出するシステムとなるであろう。この流通システムでは，ネットチャネルも店舗小売店も，かかる2項対立的意味づけを行うパースペクティブから，ともにサーバーという新しい第3項へ輻輳していく。これこそが，消費者淵源の流通システムが突きつける最先端の現実である。

4.5　オブジェクト指向からバイイング・メッセージ指向へ

　オンラインファーストの小売業者が「情報」を配信するために，店舗小売店を開店した場合，消費者側はその背景を基盤に最も適切なチャネルとして，自

身の消費行動を，適切に「並べ替える」であろう。

　他方，このことは（1）小売業者にとって効果性の高いストーリーテリング的解釈方法で，消費行動における最初の不確実性や購入時の障壁を取り除く情報収集・発信，（2）小売業者にとって最も便利で効率性の高い方法，以上2つによって，小売業者は，消費者における製品入手の行動オプションを提供することを示唆する。

　希少価値はもはや「モノやサービス」ではなく「ボトルネックの解消」にある。その判断となる重要な要素はモノでもサービスでもなく，収集した「情報」であり，ビジネスの焦点も次のボトルネックを探し解消することに向かってゆくであろう。その際，収集方法の経路が，店舗小売かネット販売かは重要ではなく，それを購買した動機，その意思決定の背後にある情報の解釈，すなわち，咀嚼機能が決定的に重要となる。

　通常，すでに存在するオブジェクトについては，利用に際してその内部構造や動作原理の詳細を知る必要はなく，外部からメッセージを送れば機能するため，特に大規模なソフトウェア開発において有効な考え方がある。それは，情報やその集合を現実世界の「モノ」になぞらえた考え方であることから，一般に「オブジェクト」指向と呼ばれる。

　たとえば，人々がTVを操作する時，TV内部でいかなる回路が作動しているかを理解することは，必要ではない。TVの操作方法のみ知っていれば，それでテレビを使用することが可能である。要するに，TVというオブジェクトは，TV自体（の内部を構成する電子回路）を作動させる手続きを知っており，それを利用するためには，たとえばリモコンで適切な信号を与えるのみでよい。

　しかし，むしろ本書では，本来オブジェクト指向が重視すべきは「オブジェクト」（消費者行動）ではなく「バイイング・メッセージ」（行動が発する情報）であると考え，本書では，「バイイング・メッセージ」指向と呼ぶことにする。このように，何らかの「情報」と，それを操作するための「メソッド」の組み合わせが「オブジェクト」であるが，看過してはならないのは，オブジェクトの裏で発信されている「メッセージ」である。

オムニチャネルでは，市場という場での財の交換を通じたビジネスとして，店舗小売店での直接的コミュニケーション，特に，身体的接触，観察，評価は重要で，ディバイスなどを通じたコミュニケーションでは「共有できない情報」が生成・蓄積される。そこで，店舗小売店の情報が，オンラインにとっても共通の資産になるようなプラットフォームの構築が枢要となろう。これらの「情報の共有」があってこそ，オフラインとオンラインの戦略や事業は豊かになり，発展が可能になると考えられる。

また Bell et al.［2014］では，製品や小売のカテゴリーの形成と変容に関する視点で，企業と消費者の双方からカテゴリーの拡張を捉え，オフかオンかのラインの連続と非連続を問題にしている。しかしそこに踏みとどまって議論するのであれば，そこではラインの連続と非連続の問題だけでなく，技術の連続と非連続を踏まえ，双方の枠組みによってカテゴリー拡張のダイナミックスを捉える必要がそもそもあるであろう。

第5節　転換期のマーケティング

戦後約75年たった現在のマーケティングは，経済社会から離床して政策科学となり，内容を捨象した純粋形式として著しく技術化されるようになった。まさに，AI時代のビッグデータを使う分析技術として発展していくことを期待されている。かくしてここまでマーケティングは，理論と実証とが互いに他者を意識しながら対立，拮抗する中で発展してきたと言っても過言ではない。とりわけ日本ではこうした傾向は顕著であった。

だが両者は，同じく社会科学の範疇に属し，しかも同じくマーケティングを対象とする科学である。たとえ枠組みや方法的接近に大きな開きがあっても，捉え方がまったく異なったものと切断するのは非現実的ではないか。のみならず理論と実証とはいっても，とみに近代的認識論としての方法的二元論，すなわち近代のパラダイムの根底には，デカルト以来の物心二元論からなる2項対立思考を基本とする分析知に立っていることは変わりがない。この点はいま課

題となっている環境問題に顕著なように，共に「近代の知」としての影を大きく落としはじめていることは，何よりそれを物語るところである。

　事実，地球環境問題などの解決において「近代知の陥穽」（主客二分法の陥穽）のようなものが，いたるところで具体的な形をとって問われはじめている。まさに地球環境問題などは，現代世界の超体制的な問題である。それこそ人類史的課題ではないか。それは市場に任せておけば解決できるような代物ではない。

　その意味で現代のマーケティングといい，近代の破局と対峙する同世代の課題を背負いこんでいることになるし，共に「近代の知」によって汚染されているともいえる。またいずれも市場経済を分析対象にしてきたことは変わりがない。したがって19世紀的偏見（偏った知の体系）が，いまなお一掃できないでいると言わざるを得ない。特に市場経済に関して，その一つの理想型として，数理モデルを考えるのが実証主義確立以降の主流となっている。いわゆる「狭義のマーケティング」がそれである。ここでは抽象化した比較的単純なモデルの実証分析に終始するために，時系列的な歴史的経路依存性要因の分析は捨象される。

　その結果，価値的要素や認識的要素は極端に捨象され，メカニックに動く無縁な動態のみが描写される。だが，マーケティングの現実ははたしてそのようなものであろうか。マーケティング世界を均質で滑らかな空間（交換方程式）としてではなく，さまざまな場所性を考慮に入れてみれば，実証主義アプローチとは随分違ったマーケティング世界を描き出すことができたのではないか。

　現在のマーケティングは，実質的な問題よりも，あまりにも分析技術を中心とする形式概念にとらわれ，価値不在化してきている。それはAI問題，とりわけ長崎ハウステンボスのAIロボット受付の問題に顕著である。すなわち，近代マーケティングにおける形式論理化がそれである。そこでは共に，マーケティングの非人間化が進められることになり，理論のための理論化が，モデルのためのモデル化が進められ，ある科学がパラダイム化していく場合の自己純粋的はなかばやむをえないとしても，その結果，理論は現実から乖離し，フィクション化してしまった。諸事象相互間の関連は肉眼で見ることができない限

り，抽象的範疇によって構成されるよりほかないことはたしかである。

しかし，それがやがて科学技術に象徴される「知識」（客観的）と認識のあり方にかかわる「知恵」（主体的）との分裂を生んできたこともいなめない。だがかかる「知識や理論や技法」は，日常的世界の経験とのかかわりあいなしでは生かされないこともたしかだろう。その意味で人類の歴史を造りあげてきたのは，知的営為とともに，日常的な智的営為の側面にあったのではないか。「関わり合いの科学」（ホロニックス）が見直されているゆえんである。

【注】
1) マーケティング方法論は，経済性に合致した方法を説明するだけではない。その方法の妥当性も吟味する。妥当性というのは明らかに理論と現実との間の関係であるから，方法論上の主要な問題は，理論と現実の交渉の中から生まれる。それゆえに，理論の応用のないところに深刻な方法論的反省はおこらない。反省の中からその妥当性を検討することは，理論的な問題であると同時に認識論の問題でもある。したがってマーケティング方法論は「マーケティング的研究の反省の学」ということができる。それならば，方法論はマーケティングの論理的性格を後追いする形でとどまるものかといえば，決してそうではない。その向かうべき方向，その持つべき論理的性格をも課題とする。この点でW・ハチソン（T. W. Hutchison）が，G・シュモラー，C・メンガー，M・ウェーバーなどの方法論をふまえて次のように言っていることは，示唆に富む。

「メンガーが関心をもった問題は，実証的な方法論的分析あるいは解明であるよりも，むしろ方法論的規範の問題であった。すなわち社会科学者は何を目的とし，あるいは研究すべきか，そしていかに研究すべきかを確立せんとすることに関心をもったのである」(T. W. Hutchison, *A Review of Economic Doctrines, 1870 ～ 1929*, p.149)

2) 正確に言えば，1930 年から 1940 年前半にかけては，実は日本には市場競争的なアングロ・サクソンモデルが存在したが，それが「戦時経済体制」に一気に指令経済的に改革され，基本的にそのシステムが現代の日本経済の源流になっている，ということである。それを，金融，メインバンク，企業システム，労使関係，業界団体，税・財政システム，食管制度・農協という分野で検討しているのである。以下のように言う。

「この時期（1930 ～ 40 年代前半）以前のわが国の経済システムはある程度の後進性を残していたとはいえ，基本的に欧米諸国と異ならないオーソドックスな資本主義的市場経済システムであった」「…現代日本の社会システム…の多くは最終的に 300 万人以上の人命と国富の 4 分の 1 以上を犠牲にした日中戦争・太平洋戦争を遂行するために，資源を総力戦に動員することをめざし人為的に作られた統制シス

テムを原型としている。この総力戦自体が，一党独裁の下で策定されたナチス・ドイツの戦時経済体制と，計画と指令によって重化学工業化と軍事大国化を目指したソ連の社会主義的計画経済を範にとったものであった」「戦後初期の日本の経済復興は戦時期に形成された計画と統制のシステムを利用して進められた」

3) 敗戦後のため証券市場が未発達で，資金調達は銀行からの借り入れとなった。そのため，銀行を中心とした金融系列が形成された。

4) 1950年代に発明・普及するチェーン・オペレーションに，セルフサービスとワンストップ・ショッピングを加え，「組織化イノベーション」と位置づけられた。

5) オムニチャネルという用語には，単に実店舗である店舗小売でも，ネットでも商品を売るという機能のみを指すのではなく，消費者や商品に関する情報を販売チャネルの区別なく連携させ，多様化した消費者の購買行動に対応しようという意味が含まれていると考えられる。この視点からの論稿で，世界で最も注目されたのが，Google［2012］であることは，間違いないであろう。

　P&GのFMOT理論に対抗してGoogle［2012］が主張するのが，TMOT理論である。そこで今少し，FMOT理論（P&G）におけるその意味合いについて，触れておこう。

　これは，ICT時代の消費行動プロセスAISASの5段階に対し，FMOT理論（P&G）では，購買意思決定の「機会」と「場」を2つ提示した。消費者の「来店」を出発点とし，この店頭（FMOT：First Moment of Truth），体験する場（SMOT：Second Moment of Truth）の2つが重要で，ここにおける顧客対応の重要性を指摘するものであった。とりわけ，後者に関しては，リピート見込み客の口コミも誘発可能なものであり，その重要性を示した。

　他方，Google［2012］の指摘は，FMOT理論（P&G）が捨象していた消費者行動として，「機会」と「場」の前段階の枢要性を示した。すなわち，「来店前」に勝負は始まっていると言うことである。それは，ディバイス（ZMOT：Zero Moment of Truth）での「事前調査」プロセスを指しており，PCなのか，スマホなのかは問わず，消費者にとってはこの調査段階が最も重要であると指摘した。https://www.thinkwithgoogle.com/marketing-resources/micro-moments/zero-moment-truth/

6) https://pando.com/2013/01/30/andreessen-predicts-the-death-of-traditional-retail-yes-absolute-death/

7) 顧客の自宅にアマゾンダッシュやアマゾンエコーを，そしてリアル店舗としてアマゾンゴーやアマゾンブックスなどを展開している。

8) 「365 Everyday Value」という。

参考文献

Alderson, W. [1957] "Marketing Behavior and Executive Action: A Functionalist Approach to Marketing Theory," *The American Economic Review*, Vol.47, No.6, pp.1058-1060.

Bell, D. R., Gallino, S., Moreno, A. [2014] "How to win in an omnichannel world," *MIT Sloan Management Review*, 56.1 pp.45-53.

Berkowitz, E. N., John, W, R. and Walker, O. C. Jr. [1979] "In-Home Shoppers: The Market for Innovative Distribution Systems," *Journal of Retailing*, 55, 2, pp.15-33.

Brynjolfsson, E., Jeffrey H. and Rahman, M. [2013], "Competing in the Age of Omnichannel Retailing," *MIT Sloan Management Review*, 54, 4, pp.24-29.

Deleersnyder, B., Geyskens, K. G. and Dekkimpe, M. [2000] "How cannibalistic is the Internet channel? A study of the newspaper industry in the United Kingdom and the Netherlands" *International Journal of Research in Marketing*, 19, pp.337-348.

Foucault [1977] *Mobile Retailing Blueprint V2.0*.

Geyskens, I., Gielens, K. and Dekimpe, M. [2002] "The Market Valuation of Internet Channel Additions," *Journal of Marketing*, 66 (August), pp.102-119.

Google [2012] https://www.thinkwithgoogle.com/marketing-resources/micro-moments/zero-moment-truth

Hutchison, T. W. [1941] "A Review of Economic Doctorines," *Journal of Political Economy*, 49 (5).

Jan, P. M. [2014] *A Social Strategy: How We Profit from Social Media*, Princeton University Press.（平野敦士カール訳 [2015]『ハーバード流ソーシャルメディア・プラットフォーム戦略』朝日新聞出版）

Jiao, X., Forman, C., Kim, J. B. and Ittersum, K. V. [2014] "New Media Channels: Complements or Substitutes? Evidence from Mobile Phone Usage," *Journal of Marketing*, 78 (July), pp.97-112.

John, Land Ariely, D. [2000] "Wine Online: Search Costs Affect Competition on Price Quality, and Distribution," *Marketing Science*, 19, 1, pp.83-103.

Kushwaha, T. and Shankar, V. [2013] "Are Multichannel Customers Really More Valuable? The Moderating Role of Product Category Characteristics," *Journal of Marketing*, 77 (July), pp.67-85.

NRF Mobile Retail INITIATIVE [2015]「Mobile Retailing Blueprint V2.0.0」NRF.

Pine II, B. J. and Gilmore, J. H. [2009] *The experience economy*, Harvard Business School Press.（岡本慶一・小高尚子訳 [2005]『新訳：経験経済』ダイヤモンド社）

Robert M. and D. Hunt [1994], "The Commitment-Trust Theory of Relationship Marketing," *Journal of Marketing*, 58, pp.20-38.

Rigby, Darrell［2011］"The future of shopping." *Harvard Business Review*, 89.12, pp.65-76.

Schullz, D., Tannenbaum, S., and Lauterbornn, F.［1993］*Integrated Marketing Communications*, McGraw Hill Professional.

Show, A. W.［1915］*Some Problems in market Distribution*, Andesite Press.

Stephens, D.［2017］*Reengineering Retail*, The English Agency.（斎藤栄一郎訳［2018］『小売再生』プレジデント社）

Thomas, J., Deighton, J. and Caravella, M.［2012］"Adding Bricks to Clicks: Predicting the Patterns of Cross-Channel Elasticities Over Time," *Journal of Marketing*, 76（May）, pp.96-111.

Weber, M.［1922］*The theory of social and economic organization*, Free Press.（ウェーバー著，浜島朗訳［1988］『権力と支配　政治社会学入門』有斐閣）

Zettermeyer, Florian, Z.［2000］"Expanding to the Internet: Pricing and Communication Strategies When Firms Compete on Multiple channels," *Journal of Marketing Research*, 37, August, 292-308.

荒川祐吉［1959］「卸商存立根拠の一考察：商業排除問題と関連して」『国民経済雑誌』99（1）。

荒川祐吉［1960］『現代配給理論』千倉書房。

石井淳蔵［1983］『流通におけるパワーと対立』千倉書房。

石井淳藏［1993］『マーケティングの神話』日本経済新聞社。

石原武政［1981］「流通系列化の基礎条件」『経営研究』31（2）。

石原武政［1982］『マーケティング競争の構造』千倉書房。

石原武政・佐藤善信・岡本博公・上原征彦・石井淳蔵・川辺信雄・小川進［1996］『製販統合―変わる日本の商システム（現代企業研究）』日本経済新聞社。

伊藤元重［2001］『デジタルな経済』日本経済新聞社。

上田隆穂［2016］『生活者視点で変わる小売業の未来』宣伝会議。

上原征彦［1993］「『流通革命論』と第2次流通再編成」『マーケティング・ジャーナル』51, pp.12-22。

江尻弘［1996］『流通系列化』中央経済社。

大驛潤［2018a］「マーケティング・システムの理論的枠組みの変容」日本ダイレクトマーケティング学会発表。

大驛潤［2018b］「情報化時代におけるチャネルの理論と歴史像：オムニチャネルを超えて」企業と社会フォーラム学会発表資料。

大驛潤［2018c］「分析知としてのグローバルマーケティング」国際ビジネス学会発表資料。

岡崎哲二・奥野正寛［1993］『現代日本経済システムの源流』日経。

奥田務［2014］『未完の流通革命』日経新聞BP社。
奥谷孝司・岩井琢磨［2018］『世界最先端のマーケティング』日経BP。
懸田豊［1996］「情報化時代の流通問題」久保村隆祐編［1996］『第二次流通革命：21世紀の流通』日本経済新聞社。
片岡一郎・村田昭治［1987］「マーケティング研究と教育」片岡一郎先生還暦記念論文集刊行会編『マーケティングの理論と戦略』有斐閣。
川又英紀・小林暢子［2014］「無印良品：最強のオムニチャネル経営」『日経情報ストラテジー』August, pp.24-35。
金顕哲［1995］「マルチチャネルマネジメント」『慶応リサーチペーパー』42.2。
久保村隆祐編［1996］『第二次流通革命：21世紀の流通』日本経済新聞。
小林哲［1991］「マルチチャネル政策の今日的課題」『経営研究』43.3。
佐藤肇［1971］『流通産業革命』有斐閣。
高嶋克義［1994］『マーケティング・チャネル組織論』千倉書房。
田島義博（1962）『日本の流通革命』マネジメント新書。
新倉貴士［2015］「モバイルアプリと購買意思決定プロセス」『慶応経営論集』32（1），pp.35-50。
野口悠紀雄［1995］『1940年体制』東洋経済新報社。
林周二［1961］『日本の企業とマーケティング』日本生産性本部。
林周二［1964］『流通革命』中公新書。
藤野直明［2014］「オムニチャネル変革「店舗からブランド」へ」東洋経済別冊『eコマースの強化書』pp.78-80。
風呂勉［1968］『マーケティング・チャネル行動論』千倉書房。
矢作敏行［1997］『小売りイノベーションの源泉』日本経済新聞社。
矢作敏行［2016］「商業界次世代成長エンジン構築：オムニチャネル時代に備える 流通機能脱構築を進めよ」『販売革新』pp.26-29。
山崎宏美［2014］「百貨店を中心としたオムニチャネル」『日経情報ストラテジー』March, pp.18-21。
渡辺達朗［1999］『流通チャネル関係の動態分析』千倉書房。

第4章
現代マーケティングと Alderson の チャネル・システム理論の再検討
―組織化された行動システム―

　第3章の日本的流通論，すなわち垂直的統合に関する日本の流通・マーケティング研究者の分析の欠点は，システムの機能の理論的解明に欠ける側面があったことである。流通システムの「チャネル交渉の原理」等が効率性の高い上昇率を招来し得るのは，それらが，とにかく，企業の内外における何らかの強力な原理と，紐付けされているようなケースであろう。

　日本企業が貿易摩擦に対応して，欧米での現地生産に進出しようとした際，あるいは，日本企業の制度の異質性に対する欧米の責め立てが強くなるにつれ，日本の流通システムの特異性が，欧米においても機能し得る普遍性を具備しているか否かが問われるようになってきた。前記の石井淳蔵［2000］等もそのようなコンテクストに位置づけることも可能であるが，以下においては日本の流通にも援用された，取引システムの効率性を提唱した議論を取り上げ，考えてみよう。

　日本企業における肝要な特性の一つは，独立系企業系列グループが大きな役割を演じていることである。特に1970年代末からの流通系列の企業グループの躍進は著しい。1970年代末から，かかる流通系列グループも含め，これらの分析装置として新たな接近方法が台頭してきた。既存研究の関心が，主として大企業と下請中小企業との間の支配・従属関係に注がれていたのに対して，新たな研究の接近方法は，一方において新たな企業理論の発展と，他方において日本の企業系列グループの実情に関する変容とが反映されている。

事実，日本企業の下請関係は，1960年代後半の資本自由化と1973年のオイル・ショック以降，親企業が下請企業の低賃金を利用するという初歩的レベルから離脱し，親企業のグローバル競争力を質的に上げるのを目的に，下請企業の技術水準と品質向上を下支えする方向に変化してきたといわれる。

理論的側面においては，Coase [1937] の提案を発展させた Williamson [1975] は，市場取引におけるコストの存在とその垂直的統合へのインパクトを検討した。そして現在，その研究延長線上に，Langlois and Robertson [1995]，Langlois [2010] 等の動的取引コスト論が位置している。

本書では，この取引コスト論に連なる研究群に基づき，検討を進める。しかし，その作業の前に，マーケティング・チャネル研究に対しても，学術的貢献のある Alderson の「チャネル・システム理論」について再考する。その後，一連の取引コスト論の研究群について Coase [1937]，Williamson [1975]，Langlois and Robertson [1995]，Langlois [2010] 等の理論的基盤となる取引コスト概念の考察を深める。

第1節　新制度派経済学の台頭

マーケティング論は単なる富の研究でもなければ，人間の研究でもない。その対象は，個人と組織が一定の社会関係の中で財とサービスを流通させるという行為の総体にほかならない。そのもとでは，企業のマーケティング問題は，供給者という主体者の立場から，需要者の価値をも高めながら，企業自らの価値を高めていこうとするものとなる。

しかしながら，マーケティング論がこのような域に達するまでには，さまざまな曲折を経てきた。現在ではまがりなりにもマーケティング論は，パラダイムを形成し，科学の装いをまとったものと評されているが，理論の最先端まで敷衍すると，さまざまな系譜からオルターナティヴ・パラダイム候補が簇発している[1]。それはまるで従来のマーケティング論における分業地図を塗り替えるかのようなありようである[2]。

たとえば，1991年度ノーベル経済学賞受賞者，Coaseを濫觴とし，Williamsonが展開した取引コスト論（Transaction Cost Theory）あるいはエージェンシー理論[3]等，新制度派経済学（The New Institutional Economics）の成果を援用する接近方法等の盛行がそれである。同様に1993年度ノーベル経済学賞受賞者であるNorthによる数理的歴史アプローチの顕揚なども，新制度派経済学からの新たな理論的動向として瞠目されている[4]。

このような状況下，マーケティング領域では，既存マーケティング研究との関連づけを持たないかのような新たな研究が群生するという，望ましくない動向がしばしば見受けられる。この側面を問題視した本書は，既存理論から確認される範囲で，多様なマーケティング論，とりわけチャネル論との関係を体系的に説明すべく考究したいと考える。そこにおいては，さまざまな最先端の理論が，実は過去のいくつかの古典的仕事にその萌芽がみられることには，これまであまり触れられてこなかったのではないか，ということを指摘したい。

ここではその代表的な学説の一つとして，マーケティング論の古典たるAlderson理論を再検討する。ここで，Aldersonを取り上げるのは以下の理由である。このAldersonの学説の評価に対してはすでに多くの研究蓄積があり，一般的理論として評価が定まっている[5]。しかし他方で彼は，個別的研究にかかわる議論にも手を染めていたが，こうした彼の貢献については，これまで看過されてきた。こういった彼の個別的研究としての特徴や問題点を，ここでは評価検討する。加えて，マーケティング研究における他分野からの接近方法を援用した研究成果，とりわけ新制度派経済学における取引コスト論の中に，すでにAldersonの理論で示されていた概念が存在することを指摘したい。換言すれば，古典のAldersonを現代のマーケティング・チャネル論との関係性の中で位置づけようとする試みともいえよう。

本書では，まず次の第2節で，Aldersonの理論を一つの一貫したパースペクティヴの中で体系的に説明する。また，従来のAldersonに関する諸研究を踏まえ，Aldersonの理論が過去いかなる評価を獲得してきたのか，そして，そこにおいて見過ごされている点はなかったのか，等の確認を行う。続いて第

3節では,前節で提示されたパースペクティヴをさらに内在的に検討すべく,現代マーケティング・チャネル論の主軸と目される取引コスト論に定位して,現在の理論的フロンティアの位置を確認する。その作業の後,この理論との比較検討の中で,Alderson理論の現代的理路・意義を探っていく。最後の第4節では,Alderson理論をより広く俯瞰する視座に立ち,前節までで得られた展望をそこから位置づける。

第2節　Aldersonのマーケティング理論

2.1　Alderson理論の体系— O.B.S.：Organized Behavior System

　一般にAldersonの3大体系書ともいわれる『マーケティング行動と経営者行為』(*Marketing Behavior and Executive Action*, 1957),*The Analytic Framework for Marketing*, 1958,『動態的マーケティング行動』(*Dynamic Marketing Behavior*, 1965),についていま少し考えてみることにすれば,およそ以下のようなことがいえるのではないか。

　この3つの体系書は,マーケティング論を構築する上で,ひいては現代マーケティング論を基礎づける上で礎石となった代表的労作である。ここでは明らかにマーケティングの理論的枠組みといわれるものの基底にあるマーケティング観と方法論とが,同じ論理の流れに沿って描き出されている。「組織された行動体系（O.B.S.）」「品揃え形成（sorting）」「異質市場（heterogeneous market）」,の3者の接合がそれである[6]。その根底には,いわゆる,多様な市場に対する「環境適応」を原則とする思潮,企業がマーケティングを通じて激しい環境の変化に適応すべきという思潮がある。Alderson［1965］は,その一連の仕事において,現実適合的であるべきことをその理論的特徴として強調し,そのような特徴は行動諸科学の理論枠組みによって得られるとした。とりわけCommons［1958］の集団行動の経済学を踏まえ[7],マーケティング論の出発点を集団行動に置いた。つまり,出発点として集団行動を措定し,マーケティングを特殊な集団行動あるいは集団行動の特定の発現形態として理解しよ

うとするものであった。

　マーケティングにかかわる集団とは，(1) 消費集団，(2) 供給集団，(3) 臨時集団，(4) 相互行為集団，(5) 機能容器，という5つのカテゴリーに峻別されるが，これらは集団構成要素の結合方式において差異を包摂し，また集団の産出物も異なる。このように多様多岐集団における行動を統一的枠組みで理解することが，マーケティング論を真に科学的な理論体系として形成するための要諦であるとし，そのための統一的枠組みの礎石として彼は，Boulding［1953］の社会的組織[8]に基づく「組織された行動体系」（O.B.S.：Organized Behavior System）なる概念を提唱した[9]。

　これは，集団とそれが支配する資源と集団の環境とを一体として把握する概念で，これを全体として一つの体系を構成するものとみなし，その集団を (1) 勢力体系，(2) 意思情報伝達体系，(3) 投入・産出体系およびこれら3つの相互作用からなる (4) 対内・対外調整体系という4つの分析的下位体系から捉える。(1) 勢力体系，(2) 意思情報伝達体系は，O.B.S.の構造を形成し，(3) 投入・産出体系と (4) 対内・対外調整体系はその操作に直接関係する。高次のO.B.Sは積極的操作を礎とし，操作に適合してその構造を再編していく操作体系（operating system）として捉えられるものであった。

　なお，Alderson［1957］［1958］［1965］は，体系をミクロ的機能主義とマクロ的機能主義に分け，前者の例として企業・家計を，後者の例としてコミュニティや各国の経済体系を挙げていたが，上記1965年の著では前者，とりわけ企業がいかに家計に働きかけるか，つまり企業の操作体系の重要性を強調した。そして，その操作体系の存続成長の支柱を操作の効率性に置いた。この効率の追求は各種の分業により達成されるとするが，それだけでなく操作単位の最適配列が達成されることが不可欠であり，操作単位の配列は (1) 系列的，(2) 平行的，(3) 循環的，(4) 集中的，という4つの基本タイプをとり得るとした。常に，操作体系間および操作体系構成諸要素間には，効率性における相対的有利性の獲得競争が内在し，操作の究極単位は行為交換＝取引（transaction）で，相対的有利性はこの取引を通し希求された。では，次に，この取引につい

て，Commons［1958］の取引行動モデルに基づく，Alderson［1965］も含め，Aldersonの見解を示す。

2.2 Alderson理論の体系―取引（品揃え形成）

　取引をCommons［1958］と同様，行為交換と捉えるAlderson［1965］は，その本質を，異質市場において取引当事者おのおのが，「品揃え集合」（assortment）を改善するために行う行為とする[10]。このようにAlderson［1965］は，彼独自の概念である品揃え集合と取引の必要性を強調し，マーケティング論が「品揃え（集合）の形成」の側面に，より強い関心を向けると指摘する[11]。したがって，取引の機能を分析し，取引形態を特定化する必要が生じるとされる。

　なお，ここに言う異質市場とは，新古典派経済学が同質・均質的な「完全市場」を分析の仮定に置いているのに対し，需給（supply and demand）ともに異質であるという概念仮定のことである。これは，Chamberlin［1962］の概念を継承したもので[12]，供給者はある時点で，供給されていない製品の販売を望み，他方，需要者はある時点で供給されていない製品を必要・欲求するが，需給間では取引の離齬が生じることになる。つまり，現実は不完全市場であり，異質市場の仮定は現実市場からの抽象概念とされる。

　彼の取引概念で，それまでのマーケティング研究にはみられなかった点は，「取引の価値創造説」を挙げているところである[13]。すなわち，取引に関してはその取引過程によって，価値が創造される点を主張する。Alderson［1965］によると，価値は所有権の移転のみならず使用される品揃え集合からも生じるものであり，個々の生産物から生じるものではないとする[14]。

　Alderson［1957］［1965］は，上記の「価値創造説」に基づいて，「取引の形式的分析」を展開する。彼の取引の形式的分析を，"*Dynamic Marketing Behavior*, 1957" Chapter 3, Transaction and Transvectionの箇所と，M. W. Martinとの共著 "*Toward a Formal Theory of Transactions and Transvections*, 1965" から要約すると[15]，

x が品揃え物 A_1 の要素であり，y が品揃え物 A_2 の要素である場合，次の
　　3 条件が成立する場合のみ，x が y と交換可能になる[16]。
　　（a）x は y と異なる。
　　（b）品揃え物 A_1 の潜在力（potency）は，x を除いて y を加えることによ
　　　　って増加する。
　　（c）品揃え物 A_2 の潜在力は，x を加えて y を除くことによって増加する。

　　これを数理記号を用いて示すと以下のようになる。
　　　　$x \triangleq y$, if and only if $x \neq y$ ($x \in A_1$ and $y \in A_2$)
　　　　$P(A_1 - x + y) > P(A_1)$ and $P(A_2 + x - y) > P(A_2)$
　　　（なお，$x \triangleq y$ は x と y の変換可能性を示す）

　ここにおいて，$x \in A_1$ の $\in$ が，x が A_1 の要素であることを示す集合論の記号であることが表されなくとも，P は潜在力を示す関数であると理解されるため，上記言語と下記記号とは同表現となる。なお，交変系（transvections）とは，一つの変換と一つの財貨合わせの連鎖系列の認識単位を指す。それは取引概念を包摂する幅広い概念で，O.B.S. 全体の行為単位を示し，この交変系の総計こそがマーケティング過程となる。
　取引に関して，Alderson [1957] [1965] は，必ずしも市場取引のみを想定しているわけではなく，取引形態の段階説をベースに論を展開している[17]。この取引形態の段階説とは，供給の始発源と最終需要者との間に「中間媒介者」が介在する理由説明を行うことを目的としたもので，この中間媒介者によって品揃え形成がなされ，その需給を最適適応させることで行為交換，つまり取引が行われるというものである[18]。つまり，異質市場において Alderson [1957] [1965] は，異質な需給のセグメントを合致させる手段が品揃えの変換であり，それが取引によって行われると体系づける。そして市場での離齬が，企業のチャネル形成を制限する主要因であるとし[19]，中間媒介者によって「取引のルーティン化」が促進され得るとした。

第 4 章　現代マーケティングと Alderson のチャネル・システム理論の再検討　91

　これらの議論の帰結として，Alderson［1957］［1958］［1965］は取引に関するコスト認識の必要性を強調する。とりわけ，それに関連して，取引におけるルーティン化の議論が展開され，取引に関するコストとして，交渉にかかるコストが挙げられ，この交渉コストを節減するために，取引のルーティン化が行われるという論理体系が貫かれている[20]。Alderson［1957］［1958］［1965］が言及している「取引のルーティン化」とは包括的な概念で，リース契約，割賦信用取引，セルフ・サービスシステム，下取りシステム，アフターサービスの保証，プリパッケージ，自動販売機活用等が例として挙げられている[21]。そこにおいては，長期継続的な取引のルーティン化によって，引継過程に位置する各事業単位たるチャネルは，効率性が促されるとし[22]，ルーティン化によって製品のフローを半自働化し，効率性が獲得されるとする[23]。

　具体的に Alderson［1965］は，この取引に関して，(1) 完全交渉型取引 (full negotiated transaction)，(2) ルーティン型取引 (routine transaction)，という 2 つの型を交渉の有無によって区分して用いている。完全交渉型とは，Commons［1958］が言う「戦略的取引」(strategic transaction) と同意で，取引のルーティン化のために行う交渉のことである。その背景には，取引にかかわる交渉は，条件交渉が不可避であり，そのためのコストの蓄積は取引を非効率にするという前提がある。そのため，取引効率を促すためには，交渉機会を節減すべく，取引をでき得る限りルーティン化することが肝要であるということである。主にその後の長期継続的取引のルールを決定することが，(1) の主要命題となる。この (1) において決定したルールの後に遂行されるのが，(2) である。つまりそれは，以後の取引ごとにかかる交渉コストが，(1) における取引ルールの決定によって，必然的に節減されることを意味する。

　他面，仮に (2) に取引がシフトされないケースでは，(1) が，繰り返しその都度行われるものとなる[24]。このケースでは，取引相手を取引ごとにサーチし，そこにおいておのおの取引ルールを決定しなければならず，そのための累積コストは膨大となる。そのため，(2) にシフトするか否かの意思決定 (decision making) のメルクマールが枢要となる。その際，(2) にかかるコスト

とその取引を行うための「交渉コスト」の総計と，ルーティン化されない個別取引における個々の取引のコストの総計を比較し，前者よりも後者のコスト総計が大きい場合は，その取引はルーティン化され得ないとされる[25]。

以上，Alderson [1957] [1958] [1965] の理論においては，異質市場のもとでの取引において，とりわけ O.B.S. としての企業がどのようにもう一つの O.B.S. である家計に働きかけるかといった管理者の視点に立った理論を構築するというのが，その特徴の一つといえよう[26]。

2.3 Alderson 理論の批判的評価

前節において示されたように，Alderson [1957] [1958] [1965] の理論では，取引における「品揃え形成」の重要性が主張され，その取引にかかわるコストとして，交渉コストという考え方を重視している。ここにおいて，マーケティング論上，行為交換に強い関心を持ち，かつ取引形態を特定化しようと試みた最初の論者は，Alderson であるといえよう。

この Alderson [1957] [1958] [1965] の理論は，これまでどのように評価されてきたのであろうか[27]。Alderson [1957] [1958] [1965] の理論は，今日のマーケティング現象の多様性の中で，その一般的理論として支持されており，その限りで Alderson 理論の有効性は依然として残る。しかし，Alderson 理論は，多かれ少なかれ時代のマーケティング課題と常に深くかかわってきただけに，たとえ Alderson の提供した一般的・総合的な考え方は継承されたとしても，解決を迫られているマーケティング的疾患は異なってきており，それに応じてこの理論が少なからぬ再解釈を必要としていることは言うに及ぶまい。ここに「Alderson 離れ」とは言わないまでも，「Alderson 再解釈」が浮上してくるゆえんがあろう。またその，「再解釈」「再検討」をどう展開するかも，立場と問題意識によって異なってくる。

このような状況の中で，Hicks が，*The Crisis in Keynesian Economics*, 1974 の中で，次のように述べていることは，マーケティング論を考えるにあたっても参考となろう。「既存の学説はまったくの間違いと極端に主張することは不

必要であり，その学説は間違って解釈されていると主張することが重要である。間違った解釈であると認めることができれば，他の諸解釈を発見する道も開けるし，またどれが正しい解釈かについての相争う意見への道も開けてくる。したがって，すでに終わったと思われている論争が，再び開始されることになる[28]」

　Alderson［1957］［1958］［1965］の立場からみて現代とは，まさにそのような時代ではないのか。どの面が，それではどのように今日問われてきているのか，また批判的識者は何をもって Alderson［1957］［1958］［1965］の理論を危機と考えたのか，そしてそれをどう克服し，再検討すればよいのか，Alderson［1957］［1958］［1965］に解読を加えながら，その方向性を考察してみたい。

　彼の死後，多数のマーケティング論が簇生するにつれて，マーケティング論の世界とマーケティングの世界との乖離が問われるようになってきた。特に，20世紀中葉の指南役を務めてきた Alderson 理論への風当たりは強い。このさい，何がどう批判されているかを知る上で，これまでの Alderson 理論，中でも先の主要3著がどう受けとめられてきたかを知っておくことは，それなりの意義があろう。むしろ問題の焦点を鮮明にしておく上でも大切なことである。

　たとえば，Alderson 以降のマーケティング研究において，彼の理論それ自体の展開を主要課題と位置づけた理論的アプローチがほとんど見受けられないことに光を当てた，Sheth=Gardner=Gazrret［1988］や Barksdale［1980］の批判的研究がある。彼らは，経験的な検証の点での不備という側面に関して，批判的指摘を展開している。Barksdale［1980］の言葉を借りてくれば，「Alderson 論文の引用数は非常に減少してきている。彼の著 *Dynamic Marketing Behavior* では，Alderson が誰かの手によって検証されるように提示した 150 の仮説が含まれている。彼はこれを "機能主義のための研究計画" と名付けているが，しかし私の知る限りでは，これを検証しようとしたものは誰もいない。・・・Alderson は創造的な学者であり，革新的な思想家であった。しかし，彼の出版物は非常に困難であり，彼が進めた概念はあまり発展しなか

った。Aldersonの概念の内，実務家によって取り上げられているものはほとんどないのである[29]。」

Barksdale［1980］は，現代マーケティング論の展開を顧みるとき，その主流はあくまで個別事象に関する研究であり，Aldersonの一般理論のそれは，今日では単に脇役を果たしているにすぎないとした上で，その理論における経験的検証の不備を挙げる。そして，彼は，Alderson［1957］［1958］［1965］は，理論的枠組みの構築というよりはむしろプロモーターであったと結論づけ，彼からみた，その理論的瑕疵を指摘している。

Sheth=Gardner=Gazrret［1988］も，同じ動きを見ている点でその例外ではない。周知の如く，米国で生まれたマーケティング学説を12学派（図表2－1）に区分したSheth=Gardner=Gazrret［1988］は，その著 *"Marketing Theory: Evolution and Evaluation"* の中で，Alderson理論の解釈は，1960年代の社会的経済条件の下では正しかったが，今日の条件下では必ずしも適切なものではない，という意味のことを指摘している。その批判内容は，「理論が未だ検証されていないがゆえに，科学的，経験的サポートは持ち合わせていない。とくに市場の異質性，品揃えに関する概念には，現実世界における観察上の証拠があるという点では現実的であるものの，交変系の理論は基本的に経験的サポートを欠いた概念的フレームワークである[30]。」とし，また概念的操作がいかなるものになるか不十分であると手厳しく批判している。

またこれらと同じ流れをくむわけではないが，この種の批判は，国内において，田村正紀［1971］などによっても大きく喚起されることになる。田村正紀［1971］は，Alderson［1965］の理論においては，環境的要因を目的的体系に組み入れるに際し，理論上の困難に逢着する[31]，とした。つまりAlderson［1965］のように目的的体系のアプローチをとる場合，その個別企業の環境的要因（環境決定）と主体的要因（環境選択）の交錯関係をそれ以前に分析する必要があると批判し，その部分が抜け落ちているとした。Alderson［1957］［1958］［1965］の理論における組み入れに際しての理論的・概念的操作がいかなるものになるかは，その前提としてこの交錯関係をどのように認識するかが

不可欠であるということである。さらにこの交錯関係の検討なしでは，目的的体系と環境決定的体系を止揚した新しい体系概念の現出を否定する可能性があることを示唆した[32]。

上記3人によるAlderson批判の共通点の一つは，Bartels［1988］[33]やHunt, Muncy and Ray［1983］[34]，あるいは荒川祐吉［1977］[35]らの視座と同様，彼のマーケティング理論を，あらゆるマーケティング現象を総合的に理解するための一般的な概念枠組みとして捉えている点にある。しかし，彼のマーケティングの個別事象にかかわる研究については，過去十分に検討されてこなかったのではないかと本書では考える。すなわちAlderson［1957］［1958］［1965］での理論は，マーケティングの一般理論としてのみでなく，マーケティング・チャネル等，マーケティングの個別的諸事象に関しても有効な側面が内在しているのではないかと考えられるのである。つまり，その個別的研究の窓からこの理論を切り取ってみれば，Alderson［1957］［1958］［1965］が直接言及していないにしても彼の理論が反映されているもの，すでに検討されているものがありながらも看過されているものがあるのではないかと思われる。

Alderson［1957］［1958］［1965］を踏まえ，彼の研究履歴を遡及すると，彼が抽象度の高い理論構築だけを必ずしも望んでいたのではないことが理解される。たとえば，自ら経営していたオルダーソン・アンド・セッションズ時代，彼は「コスト・アンド・プロフィット」（機関紙）を発行している。Luschは，Aldersonのこの会社と機関紙について研究しているのだが，Luschに従えば，そこでは実践的な研究，実証的研究，そしてマーケティングの個別理論の研究が繰り広げられているというのである[36]。また，3大体系書の中身は，それまでの彼のマーケティング理論の個別理論的な研究が基になっているものもあるという。この側面にかかわり，近年，Priem［1992］や樫原正勝［2002］によって興味深い論文が提出されている。

Priem［1992］がハーバード学派でもシカゴ学派でもない「新しい産業組織論」（New industrial organization theory：数理経済学やゲーム理論等の手法による，複占・寡占分析，企業の占領行動，製品差別化に関する分析）の中にAlderson［1957］

［1958］［1965］との類似性を見出しているのに加えて，樫原正勝［2002］は，近年の新制度派経済学，とりわけ Nelson=Winter［1982］によって開発された理論が Alderson 理論の概念，とりわけ分析単位としての取引のルーティン化と数多くの側面で一致が見られると論及している[37]。これは，本書の論を展開するに当たっての問題意識の出発点ともなっている。そこで現代のマーケティング論と Alderson［1957］［1958］［1965］の研究成果を比較検討してみる必要がある。

　次節では，ここまでの Alderson［1957］［1958］［1965］の批判的理論の検討を踏まえ，現代のマーケティング・チャネル研究の中で中軸を担うとされる，内部化市場を説明する「取引コスト論」と比較することで，Alderson［1957］［1958］［1965］の理論の現代的意義を問うてみたい。なお，次節以降のポイントは，繰り返し述べたように，Alderson［1957］［1958］［1965］での研究成果が，一般理論としてだけでなく，マーケティングの個別的理論としても有効な側面があるのではないかという点にある。

第3節　Aldersonのマーケティング理論の再検討

3.1　内部市場化モデルとマーケティング・チャネル

　現代のマーケティング・チャネル研究において，市場の内部化の説明を高める要請にあって，その先鞭をつけた業績として，Arndt［1983］の「内部化市場モデル」(Domesticated Market Model)[38] を挙げることができる。この検討の後，より具体的に内部市場化を説明する Williamson［1975］の取引コスト論について論及する。なお，Day=Wensley［1988］は，長期継続的なチャネル形成が現代マーケティングにおける最重要テーマであるとし，また Heide［1994］は，Arndt［1983］が示したこの市場の内部化として理解したチャネル現象が進展するに従い，取引コスト論がマーケティング・チャネル論における中核的な研究パラダイムに君臨するものとなったと位置づけている。

　Arndt［1983］は，市場取引における長期継続的な取引志向の帰趨として，

第 4 章　現代マーケティングと Alderson のチャネル・システム理論の再検討　97

企業が組織内に市場取引を内部化する点を照射した。内部化市場における取引では，通常，価格メカニズムによって取引が制御されるのでなく，企業のように集中化された権限メカニズムによって取引が制御される。Arndt［1983］は，このように市場取引が内部市場化されることの経済的効果をその研究対象とした。経済的効果として，具体的には，まず第 1 に，市場取引の内部化によって，需給を制御することで，環境の不確実性を吸収し，機会主義ないし情報の偏在を制御することが可能となる。これによって，オペレーションの不確実性が吸収される点をその経済効果として挙げている。また第 2 に，市場取引の内部化によって，管理的手続きによる取引ルーティン化が促進され，処理に要するコストを節減することができると共に，内部化による補完的業務を統合することで相乗効果の獲得が可能になるとした[39]。

このように Arndt［1983］の内部化市場モデルにおいては，市場取引を組織内に内部化することから招来される経済的効果によって，企業がマーケティング・チャネルを構築する要因を説明する[40]。

さらに，Arndt［1983］の内部化市場モデルを発展継承した Dwyer, Schurr and Oh［1987］は，このモデルを企業間関係に援用した。彼らは取引を第 1 に，離散的取引（スポット取引），第 2 に，関係的取引（長期継続的取引）として 2 つに峻別した。とりわけ，Dwyer, Schurr and Oh［1987］における関係的取引の特徴を具体的にまとめると，次のようになる。

まず第 1 に，長期継続的な関係的取引は，企業間において協力関係を構築するため，この協力関係とチャネル内の軋轢がトレードオフ関係となる。次に第 2 に，フォーマルないしインフォーマルなコミュニケーションに立脚する社会的関係が関係的取引を下支えしている。そして第 3 に，関係的取引において取引参加者は，スイッチングコストの節減，製品差別化，参入障壁の形成，不確実性の吸収，交渉の効率化，等の利益を得る。第 4 として，関係的取引において，取引企業間の長期継続取引へのコミットメントを表明するコストとして，長期継続のインセンティブとなる投資が不可避となる，以上 4 つである。

かかる Arndt［1983］や Dwyer, Schurr and Oh［1987］の先鞭的研究は，

概念枠組みを提出するにとどまるものであった[41]。そこにおいては，将来の取引における長期継続性期待から導出されるチャネル形成の成果への期待を礎にして，協力関係が成立していることが示唆されていた。それは，構造的相互関係としての協力関係と，チャネル形成による利益を対象にする分析にとどまるものであった[42]が，この Arndt [1983] や Dwyer, Schurr and Oh [1987] の提出した概念的フレームワークは，その後の内部市場研究の方向性を示唆する道標となった。この研究以後，このような構造的相互関係の分析のみならず，そのようなチャネルを形成・持続するための規定因とは何か，を探索する点を研究対象とする接近方法が蓄積されていった。

次節では，これらの接近方法の中で，チャネル形成の規定因を取引コストに見出し，市場取引（外部取引）と組織取引（内部取引）という2つの軸によって整理した Williamson [1975] の取引コスト論を検討することにする。

3.2　取引コスト論の概要

1991年度ノーベル経済賞受賞者，Coase は，その著 "*The Nature of the Firm*" 1937年において「なぜ市場経済のなかで企業が存在するのか」，つまり，企業の存在理由あるいは前項の内部市場化を問題にし[43]，組織的調整が価格メカニズムによる資源配分のコストを節減するとき，そしてその限りにおいて企業が存在することを論じた[44]。

この Coase [1937] の概念を引き継ぎ，取引コスト論を展開したのが，Williamson [1975] である。この Williamson [1975] が主としてメーカーと部品メーカーの間の取引を考察しているのに対し，マーケティング論では，彼の見解を援用・改良して，メーカーが流通業者との間で選択する取引について直接考察している。Williamson [1975] によれば，市場と企業は取引形態の代替的な手段であるという視点から，市場取引（外部取引）か組織取引（内部取引）かのいずれの取引に重点が置かれるかは，その取引コスト次第とする。

この取引コスト論で中心的な役割を果たすのは，いわゆる「関係性資産特殊性」(asset specificity) という概念である。これは文字通り，取引に関係する資

産が特殊ということで，たとえば，特定の作業にとって有用な技能，あるいは自動車の特定の車体モデル製造のために設置された設備機械などを指す。このような資産の取引をめぐっては，(1) 機会主義 (opportunism)，(2) 制限された合理性 (bounded rationality)，(3) 情報の偏在 (asymmetric information)，(4) 少数性，が問題となる。そこにおける資産は特定の取引に向けられているために，潜在的な取引参加者は少数となる。この場合，信用できるコミットメントが取引参加者の間になければ，少数の参加者の機会主義的な行動のために，こうした資産への効率的な投資が妨げられる可能性がある。なお，この機会主義的な行動は，情報の偏在があると一層強化される。

つまり，資産の供給者からみると，資産への投資は特定の取引相手に一種の人質を取られることを意味し，資産のサービス価格を事後的に買い叩かれる恐れが生じる。こうした予想に基づいて資産への投資が差し控えられるならば，資産サービスを需要する側にも損害が生じてしまう。したがって，取引に特有な資産，つまり関係資産特殊性の取引に関しては，信頼に足る長期のコミットメント，つまり長期継続契約が望まれることになる。

この点で，制限された合理性が関係してくる。1978年ノーベル経済学賞受賞者Simonを嚆矢とするこの「制限された合理性」の概念とは，人間は意図的には合理的に行動しようとするが，不確実な状況では，その能力は限定されているということである。したがって，長期の契約には将来ありうると考えられるすべての状態を想定して，その一つ一つについて捉え得る資産の使用方法を事前に指定することは不可能であろう。資産の使用を，事態の進行に応じて事後的に裁量的に適応させることが「取引」費用の節約になる（もし，使用法が事後的に交渉に応じて決定されなければならないとすると，機会主義の問題が再登場する）。こうした取引に特有な，資産の使用に対する事後的な裁量的支持を実現する制度的機構として生じるのが企業であるとWilliamson [1975] は述べている。

このような状況下では，1972年度ノーベル経済学賞受賞者，Arrow [1974] がいち早く指摘しているように，組織の優位性が見られることとなる[45]。彼

は言う。「組織とは価格システムがうまく働かない状況の下で集団行動の利点を実現する。」この Arrow［1974］の指摘を踏まえ，Williamson［1975］は，以下にその優位性を見る。まず第1に，機会主義的主張によって組織の利益を犠牲にする誘因が少ない，第2に，内部組織はより徹底した監査が可能である，第3に，意見の衝突において調整の機構が備わっている，以上3点である。

もちろん，組織も万全ではなく，「市場の失敗」（market failure）に対する「組織の失敗」（organization failure）が考えられる。これが，また市場取引の余地が依然残される理由となる。問題は，組織取引においては，機会主義的行動を常時，制御するには，その管理問題が存在するということである。具体的に，Williamson［1975］は組織取引のコストとして，組織が巨大化することに伴う官僚化コスト（Bureaucratic cost）を提示している。

たとえば，組織取引の負の傾向として，(1) 管理傾向（不確実性の増大傾向・組織維持のみが主要命題となる傾向），(2) 許容度の拡大傾向（人・製品・サービスに対する取引上の厳格さの低下傾向），(3) 政治的傾向（効率でなく，相互助け合いを重視する傾向），以上3つの傾向の対処コストの増大が考えられる時，市場取引が選択される可能性が高いとした。それはおもに市場競争に基づく強力なインセンティブ圧力が，組織取引の参加者には欠如していることから生じると考えられる。Williamson［1975］は，組織取引が増加するに従い，経営者の制御が及ばなくなり，非効率が生まれることをモデル化し，その企業の内部組織の階層について最適度が存在し，企業がそれ以上の規模になると非効率になることを示唆した。

そこにおいては，組織を構成する当事者間の取引を，Commons［1958］が提示したような「敵対関係」から，より完全な「協力関係」に転換させるようなシステム解が必要となる。組織間の多様な取引においては，常に協力関係の均衡を維持することは難しく，多くの場合そこには Commons［1958］が言うように，不均衡な敵対関係が生じている。チャネルにおいても状況は同じで，チャネルメンバー間では，製品や貨幣以外にもさまざまな流通サービス，財政サービス，情報などの交換が行われているため，そこに不均衡な敵対関係が存

在する可能性が極めて高い。ゆえに，ここにおける組織取引の問題は，取引コストの中でも上記官僚コストに見られたように，(1) 組織の規模，(2) 組織の構造，の2つが関与してくるということであった。その組織の構造が一定の場合，内部組織の調整コストは組織の規模に比例して増大し，また組織構造の如何によっては，その調整コストは調整され得るのである[46]。

　以上，市場と組織を取引形態の代替的な手段とみなした上で，特定の取引が市場を通じて行われるか，企業内で行われるかを取引コストの観点から説明するところに，取引コスト論の基本的な特徴がある。なお，1975年の論文で，Williamson [1975] は，取引とは，市場（伝統的マーケティング・チャネルにおける取引形態）と組織（垂直的統合における取引形態，所有権それ自体から内部化する取引），そして中間組織（系列店との取引形態，所有権の統合には至らずとも準内部組織的な取引：流通系列化等）の3者を含む一般的な概念に拡張されるとした。Williamson [1975] の理論の骨子は，従来のマーケティング論の分析対象であるマーケティング・チャネルを，取引コストの節減という観点から相対的に捉えようとしたものといえよう[47]。

3.3　Williamson の取引コスト論と Alderson の理論の比較検討

　本項で検討の対象となるのは，Williamson [1975] の取引コスト論と Alderson [1957][1958][1965] の理論である。チャネルの様式化された現実に対する2つの理論的接近の力点を，理論的解釈という具体相において対比する作業を行う。前節の Williamson [1975] の取引コスト論の検討を踏まえ，それを過去，Alderson [1957][1958][1965] のマーケティング研究の中で積み上げられてきた理論あるいはモデルと比較検討することで，Alderson [1957][1958][1965] の理論の現代的意義を再評価してみたい。そこにおいては，プロブレマティークの差異はあるものの，現在の取引コスト論の中で，Alderson [1957][1958][1965] の研究成果が抽出される点を指摘する。なお，ここでは個別研究としてのチャネル論に検討領域を限定することにする。

　本書の主張は，Alderson [1957][1958][1965] の研究成果が，一般理論

としてのみでなく，マーケティングの個別的理論としても有益な点があるのではないかという点にある。基本的に，取引コスト論以前に，Alderson［1957］［1958］［1965］は，市場取引にはコストがかかるゆえに，取引がより組織化された形態の選択がなされる旨を指摘している。「自由競争の主張者の中には，取引のルーティン化の様なこうした制度的な構造を経済的な自由を制約するものと見做す傾向にある。われわれは，ここでマーケティング・チャネルが効果的な競争および，秩序だった効率的な財の流れにとって重要である事を示す[48]」

このようにAlderson［1957］［1958］［1965］は，取引のルーティン化という視角から市場取引にかかるコストとの関連を固有の主題とし，他方，市場取引のコストに瞠目し，その代替としてチャネル形成を理解するWilliamson［1975］の取引コスト論は，その観点から取引形態を整理した。かかる2つの労作の具体的な姿形は必ずしも等しくないし，時代も異なるが，取引に要するコストをそれぞれ課題にしているという点で，明らかに同じ地平に立つと言い得る。Alderson［1957］［1958］［1965］の理論によって指摘される思考と基本的に同じ思考を持って，Williamson［1975］は理論構築における取引コストを重視する。そこでは，Alderson［1957］［1965］の研究成果の中にすでに取引コスト論と同様の問題意識が内在していたのである。Alderson［1957］［1958］［1965］がWilliamson［1975］と同じような取引にかかるコストの観点からチャネルを捉えていたことを考慮すると，Alderson［1957］［1958］［1965］が彼らよりも前に同様な観点でチャネルについて論じていたことは評価に値する。本書は，こうしたマーケティングにおける過去の仕事が，現在のマーケティング・チャネルにかかわる仕事に対しても大きく影響を及ぼしている点を，明瞭に指摘しておきたい[49]。

以上，こういった2つの視座の類似をみるにいたったが，Alderson［1957］［1958］［1965］の理論は，部分的にも取引コスト論と通底している点がみられる。この背景には，いろいろな要因が挙げられるが，中でもその大きな理由の一つとして，チャネルの体系を基礎づけてきた取引に関する分析視角が同一線

上にあることが考えられる。つまり，取引を分析単位として捉え，チャネルとの関係コストの観点から考察している点である。

　たとえば，Williamson［1975］のそれは，「取引の頻度」，つまり企業間において取引が繰り返して起こる度合いが，取引形態の選択に影響を与えているとし，「取引の頻度」の累積的増加に従って，それにかかわる取引コストが逓減するとした。そして長期継続関係の中での取引頻度による取引コスト節減効果こそが，取引の中で大きな位置を占めるとする。これは，Alderson［1957］［1958］［1965］のそれにその萌芽が見られる。Alderson［1957］［1958］［1965］は，中間媒介者による品揃え形成は，取引のルーティン化によって達成され，ルーティン化の継続維持による，取引の反復継続の中での交渉コストの節減に瞠目した。これは，双方，同じ分析視座を共有しているものと考えられる。続いて，Alderson［1957］［1958］［1965］は，「取引のルーティン化」の負の面にも目を向ける。その一番のマイナス点として，「ルーティンへの反発」「ルーティン方法のコンフリクト」「ルーティンの生む非効率性」など，たとえば「再販売価格の拘束システム」によって，製品計画のインセンティブ低下をいざなっているとしている[50]。Williamson［1975］のこれに類似した概念として，彼の提出した，先述の官僚化コストの概念がある。Williamson［1975］は，内部取引比率の増加に伴う弊害として官僚化コストの増加を掲げたが，これもAlderson［1965］の取引にかかわるマイナス面の布置状況と重なり合う部分がある。

　加えて，Williamson［1975］における，取引コスト論の中心的な役割を果たしている「関係性資産特殊性」概念が，すでにAlderson［1957］［1958］［1965］の理論の中でみられていた点についても指摘しておきたい。この関係性資産特殊性投資は，長期継続的取引を規定する要因の一つであり，その投資の根幹には，投資側における長期継続性期待が内在している。関係性資産特殊性投資が行われる企業の少数性（少数者による取引関係）が，取引コストを発生させることになるが，この少数性こそが市場と組織の代替性を導出とすると明示する。

　他方，Alderson［1957］［1958］［1965］の分析視角に従えば，「マーケティ

ング・チャネルを一つのO.B.Sとして行動させる紐帯の基盤も結合機会の開拓に向けた期待である[51]」とする。ここにおいては,「結合機会の開拓」により,O.B.S. として結びついたチャネルが作動することが示唆され[52],このチャネルを形成している各企業は,相互にある種の共通の利害関係を持ち,品揃え効用の向上を目的に取引企業の探索を行う。つまり,チャネル形成のもと,共通の利害関係を持つ取引企業を開拓することが,まさに Williamson［1975］の言う結合機会の開拓を指すものとなる。

　Alderson［1957］［1958］［1965］は,取引企業間の扱う製品の種類の幅こそ[53]が,共通の利害関係を下支えするものとした。別言すれば,利害の一致は[54],企業間の扱う製品種類の「少数性」に規定され,少数であるほどに,その共通利害は大きくなり,企業間はいっそう内部取引による結びつきを志向するものとなるとする。それゆえに,取り扱う製品の種類の少数性とは,特定の少数製品に特殊な投資がなされていることを示唆するものとなっている。

　さて以上のように考えるならば,Alderson［1957］［1958］［1965］は当初から,彼の理論において,マーケティングを対象として,統合的説明と個別的説明の2種類の接近方法を並存させていたのである。それにもかかわらず,Day=Wensley［1988］,Barksdale［1980］のみならず,内部市場化モデルを提出した Arndt［1997］までも,まったくそのことに言及せず,低い評価をAlderson［1957］［1958］［1965］に付与してきた[55]。Alderson［1957］［1958］［1965］の理論から,取引形態の検討を鑑みると,そこには明らかに後にみる取引コストの概念に沿った解釈が垣間見られ,Alderson［1957］［1958］［1965］の理論が,取引コスト論の枠組みを先取りしていたことが読み取れる。

　以上の理論的検討から本書で明らかになった点は,以下の通りである。
　Alderson［1957］［1958］［1965］の理論においては,もともと市場における取引主体間の行為交換たる取引に関するコストへの理論的記述があり,それは現代の主要チャネル理論の一つ,取引コスト論において突然現れたものではない。つまり,Alderson［1957］［1958］［1965］の理論の中においてすでに,

取引コスト論で指摘されている点が多くみられた。これは，Alderson［1957］［1958］［1965］の理論における個別的事象，とりわけチャネルに関する研究がこれまで十二分に検討されていなかったために，看過されてしまう傾向があったのではないかと考えられる。それは同時に Alderson［1957］［1958］［1965］における理論の個別研究に対する再確認・再評価の必要性を要請するものとなろう。

　そのため，個別のチャネル（流通，垂直的マーケティング・システム，垂直的統合など）分析にあたっては，両理論の相違を十分考慮した上で，両者の理論的接合を行うこと，あるいは Alderson［1957］［1958］［1965］の理論を踏まえた上での，その理論的延長線上での帰趨を招来することが，マーケティング論の発展のためにも不可避なことであると考えられる。

　その点，現代のマーケティングにおいては，新たな研究対象が生まれると，これまでの研究との関連付けを持たないかのようなアプローチが生まれるという悪しき傾向がしばしば見られてきた。本書は，この点を問題とし，既存の Alderson［1957］［1958］［1965］の理論から論理的に導かれる局面で，取引コスト論との関係を無矛盾に説明すべく努めてきた。多様な接近方法が雨後の筍のように簇生している現在，むしろ新たな理論を既存理論と照らし合わせ，再検討してみる作業を怠ってはならないと考えられる。

3.4　結に代えて

　マーケティング論においては，常に新たな現象の理論化が行われており，時代と共に研究対象・研究課題・研究目的も変化・拡大し，さまざまな接近方法が用いられている。しかし，かかる多様な接近方法においては，新しい現象や研究課題の浮揚に伴い，既存マーケティング研究と関連づけを持たないかのような新たな研究が生まれるという，望ましくない動向がしばしば観察される。この側面を問題とした本書は，既存の理論から論理的に推論される範囲で，多様なマーケティング・チャネル理論との関係を体系的に説明すべく努めてきた。そこにおいては，最先端の理論を追うことが，古典回帰を促している面が

あるように思われる。多様な接近方法が模索される状況下，むしろ新たな理論を既存の理論と照応し，今一度再検討してみることは不可避の知的営為であると考えられる。

かような視座に立脚し，本書は，「新制度派経済学」の取引コスト論によって取り扱われてきた取引形態の変化という現象を，従来のAlderson理論の観点から再照射した。これまで，マーケティング活動の一般的・総合的現象を説明する理論として適用されてきたAlderson［1957］［1958］［1965］の理論が，取引コストやマーケティング・チャネルといった個別現象にとっても重要な規定枠組みの一つとなることが示されたことは，本書の重要な貢献と言い得るであろう。つまり，これまでAlderson［1957］［1958］［1965］によって取り扱われてきた理論によって，取引コスト論で新たに指摘されたとされる現象に関しても説明が可能である点が導出されたということである。そこにおいて本書で示唆されたAlderson［1957］［1958］［1965］の理論に準拠した諸接近方法の実証は急務である。

マーケティング・チャネル論と流通システム論，マーケティング・システム論においてはその他，Bucklin［1965］，Revzan［1961］の接近方法などもAlderson［1957］［1958］［1965］の理論と並び，現在まさに理論検証局面にある。この既存理論も，現在の問題としてマーケティング論が対象とする多様な研究領域に貢献するものと期待される。

【注】
1) パラダイムに対するPopperの考え方は，科学史を新たな考えによる旧い考えの代置の過程とみる側面で，Kuhn等と共通性を包摂しているが，科学の直線的前進，連続性を強調する側面で，科学革命の継続的変革—パラダイムの転換—を強調するKuhn［1970］の科学革命史観とは異なる。Kuhn［1970］は，科学革命によって新理論が旧理論に代替すると，それら2つの理論の中で用いられている部分的な同一用語もその意味内容が変わってしまうとした。彼の言う「rationality gap」と呼ばれる問題がそれである。その意味では，パラダイムに対する考えも論者によって若干差異があることを踏まえる必要があろう。

なお，Descartesは，学問（哲学）の全体を一本の樹にたとえ，その根が形而上学，

第 4 章　現代マーケティングと Alderson のチャネル・システム理論の再検討　107

その幹が自然学（物理学），この幹から出る枝が他の諸学のすべてで，これは医学，力学，道徳（倫理学）の 3 つに大別されるという捉え方をする。ここで言う自然学とは，数学をモデル（範型）にし，数学的方法に基づいて自然学を体系化するものを指す。そして道徳（倫理学）は，医学や力学と同様にその自然学から派生するものと位置づける。そうすることによって一切の蓋然的解釈を排除する。

2） このような候補がオルタナティヴ・パラダイムの要件を得るためには，次のような内容を有している必要があろう。(1) 旧パラダイムが説明し得た課題対象の説明が可能なこと，(2) 旧パラダイムが説明し得なかった課題対象の説明が可能なこと，(3) 旧パラダイムになかった予測性を包摂すること，以上 3 点である。

3） 取引コスト理論が，不完全にならざるを得ない契約のもとでの「事後の適応」に焦点をおいて理論を発展させているのに対し，エージェンシー理論は，エージェントにプリンシパルの目的に沿うような行動をとらせるには，どのようなインセンティブシステムを作ればよいか，つまり，「事前のインセンティブ配置」という観点から Coase の原論文の契約論的側面を発展させた。

4） 近年のマーケティングの分野で，新制度派経済学を援用したアプローチには著しいものがある。取引コスト理論，エージェンシー理論，所有権の経済学，新しい経済史，比較制度分析論など分析の接近方法は異なるが，これらはいずれも新古典派経済学では扱われてこなかった制度の問題に対して言及していることに共通点がある。ノーベル経済学賞の受賞者を見るだけでも，(1) 価格メカニズムに対する組織に焦点を当てた Arrow，(2) 現在の取引コスト理論隆盛の基礎を築いた Coase，(3) 成文法のみならず慣習や伝統等のインフォーマルな制度の領域に積極的に歴史的分析対象を求める North 等，錚々たる顔ぶれである。

　また，1984 年以後毎年，"*The Journal of Institutional and Theoretical Economics scartes*" では，新制度派経済学に関するシンポジウムを開催し，この雑誌に掲載している。トピックスとしては取引コスト理論，歴史，進化論，契約理論などの学際的研究が中心である。詳細は，この雑誌のインターネットのホームページを参照のこと。http://www.vwl.uni-muenchen.de/ls_schlicht/jite/

5） Bartel [1988] が詳しい

6） Barksdale [1980] p.2.

7） Commons [1958] p.25.

8） Boulding [1953] p.9 を参照されたい。

9） (1) マーケティング管理，(2) マーケティング組織行動，(3) 組織された行動総体，という 3 つの階層からなるこの概念は，(3) の特殊化こそが (2) となる。この (2) の操作を行う企業と家計の管理行動を (1) は示す。彼のマーケティング管理に関しては，樫原正勝 [1973] pp.87-110 が詳しい。

　なお，P. E. Green との共著 "*Planning and Problem Solving in Marketing*, 1964"

も参照のこと。
10）Alderson［1957］p.15，邦訳書，p.223．
11）Ibid, p.15.
12）Chamberlin［1966］．
13）Alderson［1957］，邦訳書，pp.223-224.
14）Alderson［1957］，邦訳書，p.224.
15）Alderson, Wroe and Martin［1965］pp.117-127.
　　　Alderson［1965］p.93.
　　　Alderson and Martin［1965］p.121.
16）Ibid, 邦訳書，p.93。
17）Alderson［1957］，邦訳書，p.243。
18）Ibid, 邦訳書，p.110。
19）Ibid, 邦訳書，p.249。
20）Alderson［1954］p.14.
21）Alderson［1957］，邦訳書，pp.341-349。
22）Ibid, 邦訳書，pp.341-349。
23）Ibid, p.23.
24）Alderson［1954］pp.4-15.
25）Alderson［1954］，邦訳書，pp.84-95。
26）マーケティング史研究会編［1993］pp.63-72。
27）これに関しては，樫原正勝［1972］pp.87-110 も参照されたい。
28）Hicks［1974］p.8.
29）Barksdale［1980］p.3.
30）Sheth, Gardner, and Garret［1988］pp.94-95.
31）たとえば，田村正紀［1971］pp.14-33。
32）田村正紀［1971］の Alderson 批判に対する反論として，堀越比呂志［2002］マーケティング史研究会編 pp.56-58 がある。
33）Bartels［1988］．
34）Hunt, Muncy and Ray［1983］pp.314-325.
35）荒川祐吉［1977］p.228。
36）これに関しては，小川智由［1978］p.178 が詳しい。
37）Priem［1992］p.52．
　　　樫原正勝［2002］p.132。
　　　　Nelson and Winter［1982］では，組織内でメンバーが行う行為の反復パターンをルーティンと呼称する。流通を鑑みるならば，卸売業者とメーカー・小売業者間での取引慣習，小売業者店頭での販売員の販売マニュアル等，繰り返し行われる反

第 4 章　現代マーケティングと Alderson のチャネル・システム理論の再検討　109

復的行為パターンを示すものとなろう。

38) Arndt［1979］p.69.
39) Ibid, p.71.
40) 渡辺達朗［1997］p.46 では，Arndt に対し，現実のチャネルにおいてどのように協力関係を形成するかという課題に対して十分踏み込んでいないと批判する。
41) 金顕哲［1999］p.55 では，彼らの先駆的研究に対して，概念的枠組みの提示段階にとどまっていると指摘した。
42) 高嶋克義［1994］p.69 の Arndt に対する評価は，相互依存の状態としての協力関係とチャネル形成によるベネフィットに光を当てるものに過ぎないと主張された。
43) Williamson［1992］p.4.
44) Ibid. p.4.
45) Arrow［1974］.
46) Chandler［1977］. 邦訳書［1979］で言及されているように，集権的職能制組織から分権的事業部制組織への移行も，後者の説明に関与してくる。
47) 風呂勉［1987］pp.82-83。
48) Alderson［1954］, op.cit, p.14.
49) Priem［1992］pp.135-141.
50) Alderson［1957］, 邦訳書，p.341。
51) Ibid, 邦訳書，pp.341-349。
52) Ibid, 邦訳書，p.174。
53) Ibid, 邦訳書，p.175。
54) Ibid, 邦訳書，p.178。
55) Arndt［1997］p.71.

参考文献

Alderson, W.［1957］*Marketing Behavior and Executive Action*, Richard D. Irwin, Inc. （石原武政・風呂勉・宮澤滋朗・田村正紀訳［1984］『マーケティング行動と経営者行為』千倉書房）

Alderson, W.［1965］*Dynamic Marketing Behavior*, Richard D. Irwin, Inc. （田村正紀・堀田一善・小島健司・池尾恭一訳［1981］『動態的マーケティング行動』千倉書房）

Alderson, W. & M. W. Martin［1965］*Toward a Formal Theory of Transactions and Transvections*.

Arndt, J.［1983］"The Political Economy Paradigm: Foundation for Theory Building in Marketing," *Journal of Marketing* Vol.47, No.4（Autumn, 1983），pp.44-54.

Arrow, K. J.［1974］*The Limits of Organization*, Norton & Company. （村上泰亮訳［1976］『組織の限界』岩波書店）

Barksdale, H. C., Bill, D. [1971] "Marketers' Attitude Towards the Marketing Concept," *Journal of Marketing*, Vol.35, No.4, pp.29-36.

Bartels, R. [1988] *The History of Marketing Thought*, Publishing Horizons, Inc. (山中豊国訳［1993］『マーケティング学説の発展』ミネルヴァ書房)

Boulding, K. E. [1970] *Economics As a Science*, MaGraw-Hill, Book Campany. (清水幾太郎訳［1977］『科学としての経済学』日本経済新聞社)

Bucklin, L. P. [1965] "Postponement, Speculation and the Structure of Distribution Channels," *Journal of Marketing Research*, Vol.2, February, pp.26-31.

Chamberlin, E. H. [1962] *The Theory of Monopolistic Competition*, 8th ed., Harvard University Press. (青山秀夫訳［1966］『独占的競争の理論』至誠堂)

Chandler, A. D. [1977] *The Visible Hande: The Managerial Revolution in American Business*, Harvard University Press. (鳥羽欽一郎・小林袈裟治訳［1979］『経営者の時代』東洋経済新報社)

Coase, R. [1937] *The Nature of the Firm*, Economica 16 (November), pp.386-405. (「企業の本質」宮沢健一・後藤晃・藤垣芳文訳『企業・市場・法』［1992］東洋経済新報社)

Common, J. R. [1951] *The Economics of Collective Action*, The Macmillian Company. (春日井敬訳［1958］『集団行動の経済学』丈雅堂書店)

Day, G. S., Wensley, R. [1988] "Assessing Advantage: A Framework for Diagnosing Competitive Superiority," *Journal of Marketing*, Vol.52 (Apr.), pp.1-20.

Dwyer, Schurr, Oh [1987] "Developing Buyer-Seller Relationships," *Journal of Marketing*, Vol.51 (April) 1987, pp.15-21.

Heide, J. B. [1994] "Interorganizational Governance in Marketing Channels," *Journal of Marketing*, Vol.58 (1), pp.71-85.

Kuhn, T. S. [1970] *The Structure of Scientific Revolution*. (中山茂訳［1971］『科学革命の構造』みすず書房)

Langlois, R., Robertson, P. [1995] *Firms, Markets and Economic Change: A Dynamic Theory of Business Institutions*, Routledge.

Langlois, R. [2010] "Economic Institutions and the Boundaries of Business Groups." In Colpan, A., Hikino, T. and J. Lincoln. ed., *The oxford handbook of business groups*. Oxford University Press, pp.629-649.

Nelson. R. and Winter. S. G. [1982] *An Evolutionary Theory of Economic Cambridge*, Harvard University Press.

North, D. [2000] "Understanding Institutions," Menard, ed. *Institutions, Contracts and Organizations*, Edward Elgar Publishing.

Popper, K. R. [1957] *The Poverty of Historicism*, Routledge & Kegan Paul. (久野収・

市井三郎訳［1961］『歴史主義の貧困』中央公論社）

Popper, K. R.［1972］*Objective Knowledge, An Evolutionary Approach*, Oxford, Clarendon Press.（森博訳［1974］『客観的知識』木鐸社）

Priem, R. M.［1992］"Industrial Organization Economics and Alderson's General Theory of Marketing" *Journal of the Academy of Marketing Science*, Vol.20, No.2, pp.135-141.

Revzan, D. A.［1961］*Wholesaling in marketing organization*, University of California.

Sheth, J. N., Gardner, D. M., Garrett, D. E.［1988］*Marketing theory: evolution and evaluation*, Wiley.

Williamson, O. E.［1975］*Markets and Hierarchies: Analysis and Anti-Trust Implications*, New York Free Press.（浅沼万里・岩崎晃訳［1980］『市場と企業組織』日本論評者）

荒川祐吉［1977］『マーケティング・サイエンスの系譜』千倉書房。

荒川祐吉・山中均之共編著［1977］『マーケティングにおける国際性と社会性』千倉書房。

小川智由［1978］「W. オルダーソン研究―そのマーケティング概念の展開を中心として」『明治大学大学院紀要』第 15 集。

樫原正勝［1972］「W. オルダーソンにおけるマーケティング管理論の性格」『三田商学研究』16 巻 5 号。

樫原正勝［2002］「オルダースン理論と動態経済学」マーケティング史研究会編『オルダースンの再検討』同文館出版。

金顕哲［1999］「マルチチャネルマネジメント」『慶応リサーチペーパー』42.2。

高嶋克義［1994］『マーケティング・チャネル組織論』千倉書房。

田村正紀［1971］『マーケティング行動体系論』千倉書房。

マーケティング史研究会編［1993］『マーケティング学説史』同文館。

風呂勉［1987］「内部組織論的流通認識の基本的性格」『商大論集』38 巻, 3-4 号 pp.82-83。

堀越比呂志［2002］「オルダースンのマーケティング一般理論におけるゆらぎと不完全性」マーケティング史研究会編『オルダースンの再検討』同文館出版，pp.56-58。

第5章
動的取引コスト論

　本稿は Alderson の理論考察を踏まえ，Coase［1937］，Williamson［1975］，Langlois and Robertson［1995］，Langlois［2010］，と続く取引コスト原理の考え方を振り返りつつ，再び，その知見をマーケティング・システムに援用することで，その説明を試みたものである。

　本稿において，Coase, Williamson, Langlois and Robertson の取引コスト原理の考え方とその応用は，垂直的統合，流通系列化を典型とするマーケティング・システムにどのような影響を与えるのかを明らかにするうえで，重要な示唆を与えてくれる。

　以下，第1節では，Coase, Williamson により確立された取引コスト節約原理について，前章に続いて簡単に振り返り，第2節では，マーケティング・システムを Langlois and Robertson［1995］，Langlois［2010］の動的取引費用論に基づいて示し，第3節では，仲介業者論を例に，仲介業者の優位性が高まる理由について考えていきたい。最後の第4節で，動的取引論の理論的考察を行い，理論的堅固性を確認する。

第1節　Williamson の取引コスト構造

1.1　取引コスト構造

　Coase［1937］の取引コスト概念を継承・発展させた Williamson［1975］は，市場における取引コストの存在とその影響を考察した。この概念に基づけば，「不確実・複雑性」「少数性」の環境下の市場取引では，取引コストが発生し，

それを回避するために企業は，取引先を自社資本に内部化した組織取引という形態へと移行する。他方，流通システムを資本傘下に持つための内部化コストが取引コストを上回るとき，市場取引という形態が採られる。

主な取引コストは，(1) 事前コストとして，財の交換の機会探索に関する「探索コスト」(どの企業が安くて良い品を提供する業者かを探し出すための情報探索コスト)，交換の条件に関する「交渉コスト」(双方が取引の合意に至るまでにかかる駆け引きのために生じるコスト)，(2) 事後コストとして，契約を合意通りに実施するための「監視コスト」(合意した通りに取引が実行されているかを監視したり，されていなければ法的手段等で対処する場合等にかかるコスト) がある。

取引コストが発生する要因は，人間行動の2つの特性と環境の2つの要因，そしてそこから生じた「情報の偏在」，以上5つの構成要素から生まれる (図表5-1)。人間行動の2つの特性として，取引当事者の「限定合理性」[1]と「機会主義的行動」である。「限定合理性」と「機会主義的行動」[2] 以上2つの人間行動の特性が高まるような「不確実・複雑性」「少数性」の環境下では，探索・交渉・監視といった取引コストがより多くかかってしまう。

加えて，また，「情報の偏在性」に関しては，取引の不確実性・複雑性により生じ，機会主義により増幅されること，そして情報の偏在性自体が取引の少数性を促進することで機会主義的行為の発生する余地を広げ，いっそう取引コストを高めていく。

もっとも，限定合理性も機会主義的行動も計測することは難しい。そのため，

図表5-1 取引コスト発生の枠組み

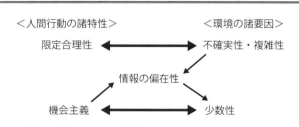

出所：Williamson [1975].

Williamson が取引コストを増減させるメルクマールとして代替的に採用したのが，取引時の「資産の特殊性」「取引の不確実性」と「取引の頻度」の3要因になる。

そうであれば，取引主体の双方にとっては，この取引は大きな負担となる。そのような不確実・複雑および少数の状況下で，企業は取引コスト削減のため，市場取引から組織取引へと移行することが考えられる。組織取引への移行とは，取引相手企業を自社で保有する，つまり垂直的統合（内部化）して流通取引相手を自社資本下・自社系列下に収めるということである。以下ではこの垂直的統合に対するインセンティブを説明する。

1.2 ICT と企業行動の選択

企業にとって，ICT の展開は，生存をかけた要因の一つであり，その ICT から取り残される脅威は激しい。以下では，ICT の変容に対する企業行動の選択に関して，前節を踏まえて考察する。

急速な ICT の変容に対し，企業の環境適応行動としては，企業活動間の共有要素数の削減，活動の連結等を削減することによって，不確実性を回避する。

それでは，ICT 革新による環境変化は企業の多様化を促進するであろうか，それとも節減させるのであろうか。企業の多様化の問題は，後述する Langlois and Robertson［1995］，Langlois［2010］の視点に立脚しなければ，当然，企業の期待値の低下の可能性と関連を持つ。その理由は，学習・ノウハウ・経験が蓄積されないからである。数学モデルとしては，線形モデルから非線形モデルへの移行である。

ここにおいて，企業行動の選択モデルを記述する。企業行動の選択のために，このモデルは活動の連結と ICT 変化を，組織取引と外部環境の2つの決定要因として構築する。以下2つを仮定する。

（1）行動 Z（$0 < \alpha < 1, 0 < \beta < 1$）を，企業は選択する。なお，$\alpha$ と β はおのおの特定行動の諸活動に関連した活動の関連と ICT 変化を示すものと仮定する。

(2) 潜在的な企業行動はすべて可能な Z から成立している。

仮定 (1) は，特定の企業行動の選択が，活動の関連と ICT 変化によって測定される際の企業行動の集合の境界を定義している。$\alpha = 0$ のケースでは，活動間にまったくつながりがないことを示している。

$\alpha = 1$ ならば，企業は単一の活動に従事しているということである。$\beta = 0$ ならば，ICT 技術は完全停止し，ICT 革新による環境の変化はない。$\beta = 1$ のケースでは，最大比率での ICT 変化を定義するメルクマールは存在しない。しかしすべての構成要素の堅調な陳腐化が連続的に起こっていて，旧くなっているということを指す。仮定 (2) はおのおのの企業行動 S に対し，十分な活動の集合を附与することを目的に，十分な連絡可能な活動があることを保証している。

以下に効用関数を定義する。

$$U = f[E(\pi_t), C_t] \tag{5.1}$$
$$\partial U_t / \partial E(\pi_t) > 0, \ \partial U_t / \partial C_t < 0 \tag{5.2}$$

もっとも，U_t は t 期 ($t = 1 \cdots n$) における企業行動 $Z\alpha\beta$ から得られる効用を示す。$E(\pi_t)$ は，利用される資本の収益として測定される t 期における企業行動 S からの期待値（期待収益）である。C_t は，t 期における生き残りに対する ICT 変化の脅威が認識される基準を示す変数である。

$$E(\pi_t) = v(\alpha, \beta), \ \partial E(\pi_t) > 0, \ \partial E(\pi_t) / \alpha\beta > 0 \tag{5.3}$$
$$C_t = w(\alpha, \beta), \ \partial C_t / \partial \alpha > 0, \ \partial C_t / \alpha\beta > 0 \tag{5.4}$$

(5.1) は独立変数として，企業の期待値（期待収益）と企業の失敗の脅威が効用関数に含まれる。$E(\pi_t)$ が増加すると資源の余裕が増加し，C_t が減ぜられる。C_t が増加すると活動が減少し，$E(\pi_t)$ が減る（以下，便宜上，添字 t を省略）。

(5.2) 式を全微分すると，

$$dU = [\partial U / \partial E(\pi)]\, dE(\pi) + [\partial U / \partial C]\, dC \tag{5.5}$$

(5.3) と (5.4) より

$$dE(\pi) = [\partial E(\pi) / \partial \alpha]\, d\alpha + [\partial E(\pi) / \partial \beta]\, d\beta \tag{5.6}$$

$$dC = [\partial C / \partial \alpha]\, d\alpha + [\partial C / \partial \beta]\, dB \tag{5.7}$$

(5.5) 式に (5.6) 式と (5.7) 式を代入して，$d\alpha$ と $d\beta$ で整理し，全微分すると，以下の式を得ることが可能となる。

$$dU = \left[\frac{\partial U}{\partial E(\pi)} \cdot \frac{\partial E(\pi)}{\partial \alpha} + \frac{\partial U}{\partial C} \cdot \frac{\partial C}{\partial \alpha}\right] d\alpha + \left[\frac{\partial U}{\partial E(\pi)} \cdot \frac{\partial E(\pi)}{\partial \beta} + \frac{\partial U}{\partial C} \cdot \frac{\partial C}{\partial \beta}\right] d\beta \tag{5.8}$$

$dU = 0$ と置き α と β を変化させると，無差別曲線の交配は得られる。

$$d\alpha / d\beta = -\frac{\left[\dfrac{\partial U}{\partial E(\pi)} \cdot \dfrac{\partial E(\pi)}{\partial \beta}\right] + \left[\dfrac{\partial U}{\partial C} \cdot \dfrac{\partial C}{\partial \beta}\right]}{\left[\dfrac{\partial U}{\partial E(\pi)} \cdot \dfrac{\partial E(\pi)}{\partial \alpha}\right] + \left[\dfrac{\partial U}{\partial C} \cdot \dfrac{\partial C}{\partial \alpha}\right]} \tag{5.9}$$

(5.9) 式の右辺すべての項は $\partial U / \partial C$ を除き正である。分子と分母中に $\partial U / \partial C$ が内包され，(5.5) 式の符号，すなわち無差別曲線の勾配を厳密に述べることはできない。しかし，以下 3 条件を加えることが可能となる。

$$\lim_{C \to 1} U = -\infty \tag{5.10}$$

$$\lim_{\alpha \to 0} C = 0 \tag{5.11}$$

$$\lim_{\beta \to 0} C = 0 \tag{5.12}$$

(5.10) 式は，高利益を追求する企業が高い値をとると，α と β の組み合わせからなる企業行動を選択することを示している。(5.11) 式と (5.12) 式は，企業活動の関連と脅威の効果が $\alpha = \beta = 0$ であるならば，働かないことを示唆する。

それゆえ，(5.9)(5.10)(5.11)(5.12) 式は，$(\partial U / \partial C)(\partial C / \partial D)$ ただし $D = \alpha, \beta$ の効果の強弱を示していると考えられる。

第2節 Langlois の動的取引コスト論

2.1 動的取引コスト論の概要

Coase [1937]，Williamson [1975] の取引コスト論の理論的枠組みと，ICT と企業行動の選択に関して，ここまで見てきた。

しかし，そこにおいては，この取引コスト論の理論的限界があると考えられる。この理論の基本条件として，各企業の生産効率は同一との条件が置かれる。よって，取引コストの比較だけで垂直的統合の選択がされることになる。そうした取引コストが問題となるのは，短期的な状況においてのみであるとし，これらが取引コスト論の限界であると考えられる。

垂直的統合についての考察は，取引コスト論だけでは不十分であり，動的取引コストの視座が補完的に必要であることを説明したい。取引コストと動的取引コストという2種類のコストは，現実には相互に関連している。まず，取引コスト論に関する批判として，市場に存在する企業間には，現実問題を踏まえると，オペレーション・ケイパビリティ，すなわちモノを生み出す能力（生産力）やモノを販売する能力（販売力），それらを踏まえた利益を挙げる能力（経営能力），かようなケイパビリティに「違い」があるのは，実際間違いない。自社と他社のどちらが有能であるかという「有能性」の存在である[3]。

その意味で，企業は，ケイパビリティの集合体であるともいえる。ケイパビリティとは，個別企業が行う経営活動の遂行ノウハウ，すなわち活動を遂行する能力を指し，それぞれの企業が歴史的に形成してきた知識・経験・ルーティンがそれに対応する。この点を特に強調したのが，Langlois 等，「動的取引コスト論」，Teece 等ダイナミック・ケイパビリティを研究する論者たちである。この立場からは，オペレーション・ケイパビリティとは，商品やサービスの提供に転換する全過程とその関連活動で，モノの生産力・販売力のみならず，

サービスのプロセス管理を含めた幅広い概念となる。したがって全社的な経営能力もケイパビリティに含まれることになる。

当然，企業の境界の選択は，取引コストのみではなく，企業や制度の生産コスト，つまりこれらケイパビリティの視点から企業行動を説明しようとする。それは，企業と市場の間にある長期的な「協力関係」という形態の存在を認識し，連携や協調といった現存する形態を説明し得るものとなっている。

すなわち，取引コストと生産・販売コストの合算およびそれに付随するコストが枢要となる。Langlois and Robertson［1995］，Langlois［2010］の動的取引コスト論は，取引当事者を説得し，学習させるコスト，すなわち学習コスト等をも取り込んだ形で取引コスト論を拡張している側面が傾聴に値する。また，その意味で，ダイナミック・ケイパビリティとは，アクティビティを実行する能力，具体的には先述したように，適切な知識や経験，スキルを指している。

もっとも，動的取引コストは，長期的には限りなくゼロに近づく。初めは習得が困難だったケイパビリティも，競合他社の模倣や学習によって，次第にその獲得が容易となるからである。

故に，組織取引の強みが薄れてしまい，市場取引が有利になる傾向が現出することも看過してはならない。

なるほど企業として，取引の make or buy の決断には，双方のコストの配慮が不可避であり，そのようなコストの大小を決定する拠り所を考察する方向へ理論的骨格を拡張する重要性は大きい。

この点は特に，ICT や環境関連技術のような，技術革新が激しい分野では問題となるし，またどのようなイノベーションが流通プロセスで進展するかにもかかってくる。イノベーションによる産業構造の変化を踏まえると，静的な取引コストの比較だけで「制度の選択」ないし「企業の境界」を論じるのは不十分であり，ダイナミック・ケイパビリティの視点が不可避となってくる。

繰り返しになるが，Langlois and Robertson［1995］，Langlois［2010］の動的取引コスト論は取引当事者を説得し，学習させるコスト等，知識，経験，スキルをも取り込んだ形で，取引コスト論を拡張している点で重要である。

Langlois and Robertson [1995], Langlois [2010] の動的取引コスト論は, 知識, 経験, ノウハウ, スキル, 学習, 等の歴史的蓄積の視点から, 持続的競争優位の源泉を, 企業の内部に求める道具立てとなる。

2.2 動的取引コスト論の構造

Langlois and Robertson [1995], Langlois [2010] は, 企業が保有するケイパビリティの異質性に着目して理論モデルの構築を試みた。動的取引コストは,「生産・販売活動に必要とされるケイパビリティを移転する際にかかる, いわゆる摩擦のコスト」であり, Williamson [1975] による「市場を利用するコスト」という取引費用とは異なるものとされる。

もっとも, 動的取引費用の定義は文脈によって異なるが, Langlois 自身が一般に用いるのは,「外部サプライヤーに対して, 説得, 交渉, コーディネーション, 教示を行う費用」(Langlois and Robertson [1995]) や,「必要とする時に, 必要とされるケイパビリティを持たないことに起因する費用」という定義である。もっとも, 企業グループ論に動的取引コストを援用する際に示されるのは「補完的ステージの間でコーディネーションのパターンを変化させるコスト」(Langlois [2010]) という定義である。

Langlois and Robertson [1995], Langlois [2010] によれば, Coase が言う, 取引コスト論以外にも, 生産・販売技術の変容と企業組織との相互作用関係を強調する「動的取引コスト論」に見出せる, とする。

Langlois and Robertson [1995], Langlois [2010] では, 動的取引コスト論は, 基本的に「企業の行動原理」に関する「現実の問題」を取り扱う。本来, 企業行動は調和均衡ではなく, 情報が不完全な状況で, 利潤極大化以外の企業行動もありうる。そして学習などの過程における「連続性の要素」を重視する。

他方, 生産能力や経営能力, それらの規定因は経時的に継承されるとみる。「学習」の捉え方は, 環境適応により特質・能力が蓄積・育成されるというものである。経済的不確実性や技術上・環境上の変化に対する経験・学習と適応を, Langlois and Robertson [1995], Langlois [2010] は, 動的取引コスト論

の特徴とし，これら行動上の動態（behavioral dynamics）もしくは，フィードバック関係の「学習」による改良を重視する。

そこにおいては，不確実な環境における判断に誤った決定は避けがたいことを当然とみなし，現実の経済行動の内に「過去の条件に基づいて生じた変化の法則の累積効果としての学習」「時間を通じていかなるパターンが繰り返されているか」に着目する。

とりわけ，「市場取引と組織取引における制度の選択」，というよりも，「現行の相互連続的な変化のプロセス」が，生産・販売コストを規定し，この市場と組織の連続的関連を，あたかも生産・販売に関する知識の蓄積（repository of productive knowledge）と考える。

加えて，生産・販売と取引に関する知識の蓄積としてのダイナミック・ケイパビリティを理解するうえで，人的特殊資産が重要であり，その資産特殊性こそが準レントを生むとみている。取引コスト論と動的取引コスト論との違いは，交換（取引）と生産の強調の仕方にある（Langlois and Robertson［1995］，Langlois［2010］）。もっとも，動的取引コスト論が生産・販売重視，取引コスト論は交換重視とはいっても，動的取引コスト論には，生産・販売コストと取引コストの双方が包含されるとしている。つまり，取引コスト論が交換に瞠目したのに比較すれば相対的であるが，動的取引コスト論は生産・販売を重視するという理解である。

この文脈にいう交換とは，物質・サービスの同一組織内の流れ，または異なる組織間の流れ方である。通常は後者を指す。そこで交換は，定義上，組織の境界の決定や変化と関連する。

しかしながら，分業生産体制が一般化した社会において，生産活動に不可避な部材や資材の調達や販売部門の拡張には，交換が不可欠であることは言うまでもない。取引コスト論に固有の焦点とは，取引統御モデルである。それは「企業の境界にまたがる取引構造」を取引形態や環境ごとの特徴に沿いつつ峻別し，分析基盤を提供する点にある。まさに取引の構造化とは，交換のあり方にかかわり，取引の計画，適応，監視のコスト，最適化のための情報処理コ

ストが不可避とする。「経済行動を意図としては合理的なものと認識」するため、「節減化 (economizing) 指向」を持つとする (Langlois and Robertson [1995], Langlois [2010] によれば、Williamson [1975])。

いわば取引コスト論は、常にある経済問題に対する最適 (ないしは最も効率的) な解の選択に基づいて、結果、たとえば組織形態 (取引形態) が生成すると認識している。しかしながら、動的取引コスト論は因果関係の枢要さえ軽視している。その理由は、Langlois and Robertson [1995]、Langlois [2010] によると、すべて歴史的・長期的な推移の中での累積的な状態として現状を認識するからとする。既知ないしまことしやかに推測された過去の歴史的条件は、動的プロセス、すなわち、累積・長期的変容のプロセスにより、いくつかの異なった帰結を生み出すと理解できるのである[4]。

2.3　垂直的統合のインセンティブ

一般に、小売業者が、独占的にインプットが可能な状況で、メーカーは、販売網・販売体制を拡充 (垂直的統合) することが可能となるとされる。他方、仮に小売業者が、独占的にインプット可能でないケースにおいて、メーカーの利益関数は、

$$\pi^B = p_1(x_1)x_1 - c_1 x_1 \tag{5.13}$$

となる。なお、おのおのの価格、数量、平均コスト (かつまたは限界コスト) は、p_1, x_1, c_1 になる。

小売業者の利益関数は、

$$\pi^F = PQ - p_1 x_1 - c_2 x_2 \tag{5.14}$$

である。なお、価格と生産量はおのおの P, Q となる。c_z と x_z はそれぞれ第2番目のインプットの競争的価格と数量である。

(5.14) 式を最大化するための一階の条件は

$$\frac{\partial \pi^F}{\partial x_1} = P\frac{\partial Q}{\partial x_1} - p_1 = 0 \tag{5.15}$$

かつ

$$\frac{\partial \pi^F}{\partial x_2} = P\frac{\partial Q}{\partial x_2} - c_2 = 0 \tag{5.16}$$

となる。(5.16) 式を P について解く。次にその解を (5.3) 式に代入すれば,

$$p_1 = \frac{\partial Q/\partial x_1}{\partial Q/\partial x_2} c_2 \tag{5.17}$$

$\partial Q/\partial x_1$ となる。(5.13) 式に (5.17) 式を代入すれば,小売業者の最適化行動が下式で考慮されるケースのメーカーの利益は,

$$\pi^B = \left(\frac{c_2}{\partial Q/\partial x_2}\ \frac{\partial Q}{\partial x_1}\right)x_1 - c_1 x_1 \tag{5.18}$$

メーカーが,小売業者を垂直的統合していれば,その利益関数は下式のように示される。

$$\pi_{VI} = PQ - c_1 x_1 - c_2 x_2 \tag{5.19}$$

これにより,π^B と π_{VI} が比較可能となる。(5.18) 式と (5.19) 式から $c_1 x_1$ を消去して下式が成立すれば,垂直的統合の方が有利となる。

$$c_2 \frac{\partial Q/\partial x_1}{\partial Q/\partial x_2} x_1 < PQ - c_2 x_2 \tag{5.20}$$

$c_2 x_2$ を,(5.20) の両辺に加え

$$c_2 \left[\frac{(\partial Q/\partial x_1)x_1 + (\partial Q/\partial x_2)x_2}{\partial Q/\partial x_2}\right] < PQ \tag{5.21}$$

オイラーの定理より

$$\frac{c_2}{\partial Q/\partial x_2} Q < PQ$$

$$\frac{c_2}{\partial Q/\partial x_2} < P \qquad (5.22)$$

以上，メーカーが小売業者を垂直的統合するインセンティブは，メーカーが小売業者を独占化するまで持続するということを示した[5]。このようにメーカーにとって，販売網・販売体制の拡張（垂直的統合）のためのインセンティブが存在する。

垂直的統合する際の内部化のコストに関して言えば，たとえば，メーカーが自前で販売網・販売体制（流通システム）を保有するには，物流倉庫や店舗を建設したり，既存の流通業者を買収したりするのに必要な投資コストと，それらを継続的に維持していくための管理コストがかかる。これらを垂直的統合に伴う内部化コストという。

取引コスト論の理論上は，取引コストと内部化コストを比較して，取引コストのほうが大きい場合には組織取引が，内部化コストのほうが大きい場合には市場取引が選択される。

もっとも，取引形態は純粋に市場取引と内部取引に分けられるわけではなく，その中間的形態として，中間組織（中間取引）という取引形態が存在する。当然，この中間組織にはさまざまな形態がある。

2.4 動的取引コストと価値における分析

本書の目的は，流通の研究を多元的に分析することにあるのだが，その時，枢要な研究課題として情報の扱いがある。流通システムには，複数の意思決定者が存在しており，彼らは相互作用しながら流通業者としての意思決定を行っている。当然，意思決定には情報が不可欠であり，意思決定間の相互作用とは，コミュニケーションに他ならない。取引の意思決定の仮定で，代替案が出

された際，それを評価し選択しなければならない。そのために本書は，その取引をして得られる価値と，その取引を選択していく上での動的取引コストを対比し，意思決定しなければならない。

（1）基本的前提

　取引選択問題の応用として，動的取引コストを考える際，価値の視点を導入する分析アプローチをここでは試みたい。

　動的取引コストと価値における分析は，取引選択における make or buy の代替案の中から，それぞれの動的取引コストと価値を対比することによって，垂直的統合か市場取引を選択するための分析である。ここで最善の代替案（垂直的統合か市場取引の選択）というときの「最善」の咀嚼・解釈には2通りある。一つは動的取引コスト対価値比を最大にするというアプローチであり，いま一つは正味価値を最大にするというアプローチである。まず，前者から考えてみよう。

（2）動的取引コストと価値分析 I

　いま，ある取引に関して，組織取引か市場取引を選択するという状況を考えてみよう。すなわち，流通業者（コンビニエンス・ストア）における情報システムの導入が問題になっているとしよう。一般に，コンビニエンス・ストアは，情報システムを開発する部門を所持していない。そのため，外部の情報システムのベンダーへの発注として，ここでは事前・事後コストに加え，有能性および生産・販売力の動的取引コストが発生する。加えて，構築された情報システム自体が，そのベンダーでなければメンテナンスしにくい特殊性（関係資産特殊性）を内包していた場合，お手上げとなる（ホールドアップ問題）。他のベンダーへのスイッチングは難しい。

　動的取引コストが高いとは，外部の取引先と取引すると割高になることであるが，内部化すると「規模の経済」を追求できず，経験値が上がらない，管理コストが高くなる等，別のデメリットが生じる。では，どうすればよいのであろうか。

　まずそこでは，取引ごとの動的取引コストと価値を見積もらなければならな

い。取引の価値（V）は，その取引が提案し得る情報の質（Q）の関数であり，しかもその情報の質というものは多次元的である。しかし，ここでは説明の便宜上，一つの測定尺度だけで表現し得るものとしよう。情報の質の向上は取引の価値の増大をもたらすが，これが直線的ではなく，シグモイド（ς）曲線になると考えられる。動的取引コスト（D）も同じく情報の質の関数であるが，この場合は逆シグモイド（ς）曲線になると考えられる。

そこでQによってVとDを関係づけると，図表5－2のように動的取引コストと価値の関係を表す曲線を求めることができる。

いま，代替案は垂直的統合および市場取引の2つがあるとする。動的取引コスト対価値比（V/D）を最大にするという評価基準からみて，もし垂直的統合であれば原点から曲線1に引いた接線の接点A，市場取引であればBの点，がその基準を満足する。曲線状のそれ以外の点は，すべてV/Dがそれより小さくなる。AおよびBの点それぞれの場合，D_A，D_Bの動的取引コストを投ずべきで，期待できる価値はそれぞれV_A，V_Bであることがわかる。垂直的統合と市場取引のいずれを選ぶべきかは，V_A/D_Aと，V_B/D_Bを比較して大きいほう，図表5－2では垂直的統合を選ぶべきということになる[6]。

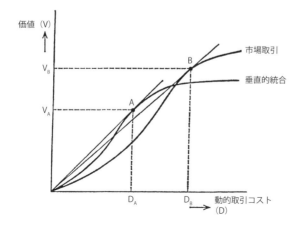

図表5－2　動的取引コストと価値の関係

(3) 動的取引コストと価値 II

仮に, 動的取引コストと価値がともに同一尺度, すなわち数字で表されるとき, 正味価値 (V − D) という評価基準を用いることができる。

情報システムを例にとって考える。Qを共通尺度として考えると, 図表 5 − 3 によって明らかなように, 正味価値が最大になる点は, 増分価値と増分動的取引コストが一致するような品質水準 (Q_0) にした場合である。

これは, (V − D) を最大にするには,

$$\frac{d(V-D)}{dQ}=0 \tag{5.24}$$

すなわち

$$\frac{dV}{dQ}=\frac{dD}{dQ} \tag{5.25}$$

を満足するQを求めることに他ならない。

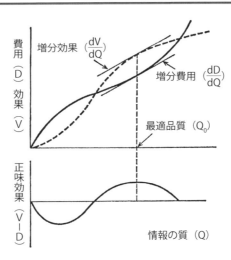

図表 5 − 3　最適システムの決定

第3節　仲介業者モデル

3.1　仲介業者の機能

　Williamson［1975］［1985］の取引コスト論においては，メーカーと消費者の間の取引コストが高いために，垂直的統合を選択すると主張する。これは明らかに，メーカーと消費者の間に，取引コストが高いゆえに商業者（仲介業者）が介在するという流通システム理論のロジックとは一線を画する。

　Williamson［1975］［1985］の議論は，企業間の直接的な取引（市場取引）か，垂直的統合（組織取引）のいずれを選択するのが効率的であるのかを問題とした。その場合，市場での取引コストの大きさが，その選択を決定することになる，との道具立てを用意した。

　しかし，そうした議論においては，市場から垂直的統合へシフトする過程の議論，すなわち仲介業者（商業者）に関する議論が抜け落ちていたこと，またその後のLanglois and Robertson［1995］，Langlois［2010］の動的取引コスト論の発展を鑑みると，その動的取引コストの存在の捨象に加えて，(1) 機会主義的行動，(2) そこから派生する資産特殊性，に基づく取引コストの抑制に垂直的統合（組織化）の役割を過度に強調したことに問題があると考えられる。

　すなわち，売り手と買い手との間の取引様式としては，「仲介業者」が介在することも可能であるというのは，現実に照らせば，しばしばみられることである。Williamson［1975］［1985］は，市場で製品や部品を売買する取引コストが大きければ，垂直的統合が生じると述べたが，もう一つの方法がありうるということである。直接的な市場取引ではなく，間接的な取引，すなわち，商業者（仲介業者）を利用することである。

　この点で期待されるのが，Spulberによる「仲介業者理論」（theory of intermediary）である。

　ここでいう仲介業者とは，メーカー間，あるいはメーカーと消費者間など経済主体間の中間に位置して，取引を成立させるためにさまざまな機能を果たす

経済主体のことである。仲介業者の信用や仲介業者の持つ情報は，取引にかかるコストを低下させることが可能となる。

またこの文脈で言う仲介の機能とは，法律構成に従えば，①代理，②取次，③媒介，④売買，等のことで，取引仲介の機能とは，①取引相手の探索，取引成立の促進，②仲介業者による信用の補完，③金融機能の提供，④取引相手の限定による費用削減，物流の委託，（加えて卸売業者の中抜き）の4つである。より具体的には，仲介業者は，売り手と買い手をつなぐさまざまな行為ないし活動をするものを指す。市場において，どこに，どんなメーカーが存在し，消費者がどこに，どれだけいるかを探索したり，売り手と買い手の価格交渉の折り合いをつけたり，交渉の結果，契約が成立した場合に，取引の履行を保証したりする行為者である。こうした可能性が，Williamson [1975] [1985] の議論では無視されていた。

もっとも，Williamson [1975] [1985] においても，流通業者として卸売業者に関し論じてはいる。Williamson [1975] [1985] において，それは，メーカーと卸売業者の間に高い取引コストが生じたので，卸売業者をメーカーが内部化し，自社の営業所にした，という事実の理解にとどまっている。

Spulber [1999] に従えば，市場における取引プロセスを考えてみると，その主体として登場してくるのは，多様な情報を処理することに特化し，その点に関して優越性を持つ組織である。同様に，流通システム論の議論の特徴は，仲介という活動を，商業の特徴を示す根幹として理解している側面にある。先述したように，仲介は，売り手と買い手をつなぐさまざまな行為ないし活動を指す。市場において取引相手を探索し，価格の合意をとりつけ，契約を遵守させ，履行を保証する活動である。

Spulber [1999] によると，Williamson [1975] [1985] による取引コストの削減，機会主義的行動の抑制を踏まえ，情報経済学の視点からの「モラル・ハザードの抑制」や「逆選択の抑制」のみならず，リスクのプール，マッチングと探索のコストの減少，権限委譲を通じたコミットメントの維持，以上3点を加え，これらが直接的な市場取引よりも効率性が高いとする。そして，売り手

と買い手の直接取引と比較して，仲介の果たす機能の重要性を強調する。

　かような企業の仲介理論の重要性は，特に経済システムを情報の流れの観点から捉え，それがいかに構造化されるのが効率的であるかを論じ，企業という制度をその構造化の一端を担うものとみなすときに浮かび上がってくる。

　これは物質の流れ，すなわち物流として経済を捉える既存のパースペクティブとは対照的である。物流を軸として考えた場合，「規模の経済」が企業を特徴づけることになるが，情報流を軸に考えた場合，仲介あるいは市場形成が企業を特徴づけることとなる。

　需要予測や生産技術に関する情報の取得，広告，販売促進といった諸活動が，果たすべき企業の幹的活動の一つとなる。かような仲介という活動は，Langlois and Robertson［1995］，Langlois［2010］等［1995］の強調する，市場の動態的なプロセスを調整する活動と同じ視座を共有している。多種多様な情報を収集・統合し，それを，調整，そして最後に「解釈」していくことが最も重要なことになる。この場合，市場に存在する「ボトルネック」を素早く見つけ，そのためのソリューションを実行することが仲介業者の機能となる[7]。この「ボトルネックの発見」とその「ソリューション」が最も重要なことであるが，これがセンサー技術・ICT技術の進展により可能となってきており，ますます仲介業者の役割が増している。

　この点について，Spulber［1999］の議論では，市場の不確実性を変動と解釈し，仲介ないし市場形成という考え方を示した。これはまさに岩井克人［1992］における，「商人」の機能に他ならない。Spulber［1999］で強調している点は，ICT革新のような環境変化の下，具体的に，ソリューションに基づく，新市場の発見や新製品の開発，流行の予測や在庫変動，を持続的変容の要因と捉えている。かようなICT革新に顕著な環境の変容に的確に対応可能ということは，そのことは，情報コストがゼロ（さほどかからない）ということである。ないし，市場取引と比較して，情報コストを節減可能なシステムとして，企業のレゾンデートルがあるという意味であろう。

　別言すれば，企業が情報の処理，伝達，解釈，あるいは貯蔵能力の側面で，

競争優位性を蓄積しているのを理由に置く。その意味で，企業という組織を創り出し，そのマネジメントに卓越する仲介業者を特徴づけるのは，Langlois and Robertson［1995］，Langlois［2010］も示しているように，メタレベルでの経営能力と生産・販売能力であるダイナミック・ケイパビリティとなる。この文脈においては，契約の締結やその遂行に対する取引コストとは別に，情報コストの問題が市場取引と組織を区分するのである。

　市場での取引コストが，市場と組織の境界を決定する上で枢要な視座を提供することは間違いない。そこでは，Langlois and Robertson［1995］，Langlois［2010］の提示したコストに加えて「情報コスト」も，企業組織の成立とスパン・オブ・コントロールの決定にかかわりを有するといえよう。

3.2　仲介業者理論とサーチ理論

　上記，仲介業者理論の研究は，金融市場と実物市場，2つの潮流を形成している。金融市場での仲介業者理論に対し，もう一つの潮流は，実物市場において仲介業者を明示的に導入した理論群である。それは以下3つの研究群からなる。

1．メーカーと消費者の両方によって，取引相手を模索するモデルの内に，独占的仲介業者を導入する研究
2．仲介業者が，マッチング（売り手と買い手）を補助する研究
3．情報の非対称の下，仲介業者を介在させる研究

　ここにおいては，1の研究で著名なSpulber［1999］が示した仲介業者の基本モデルを説明する。メーカーと消費者手段に，取引量が等しくなるという制約の中，仲介業者すなわち流通業者の利潤を極大化する p, w を示すと仮定しよう。(5.23) 式がこのことを示している。なお，$\eta = -pD'(p)/D(p)$ は受容の価格弾力性，$\varepsilon = wS'(w)/w$ は供給の価格弾力性とイコールである。

$$\max_{p,w} pD(p) - wS(w) \quad \text{s.t.} \, S(w) \geq D(p) \tag{5.23}$$

この一階条件を求めると，

$$p^* - w^* = p^*/\eta^* + w^*/\varepsilon^*, D(p^*) = S(w^*) \tag{5.24}$$

Spulber [1999] では (5.24) 式を基本方程式とする。買い値と売り値の差は，需要関数の価格弾力性を売り値から除したものと，供給関数の価格弾力性を買い値から除したもの，以上2つを加えた値に等しい。ε^*, η^* が小さくなる，つまり価格の変化に対し，数量が即座に変化しなくなるケースでは，価格のスプレッドは大きくなる。2つ目としては，需要と供給が等しくなることを均衡では表している。

仮定として，需要関数を $x = 1 - p$，供給関数を $x = w$ とする。極大化問題は $\max_{p,w} p(1-p) - w^2$ s.t. $w \geq 1 - p$，解は $p = \dfrac{3}{4}, w = \dfrac{1}{4}, x = \dfrac{1}{4}$ となり，仲介業者の利潤は $1/8$ になる。図表では，W.Eはワルラス均衡 $(1/2, 1/2)$ である。

仲介業者の利潤を，Profitで示している。これは当然，図表5－4の長方形とイコールとなる。通常，完全競争市場の仮定において，社会的総余剰（消費者余剰+生産者余剰）は，1/4と等しくなる。しかしながら社会的総余剰は，消費者余剰+生産者余剰+仲介業者の利潤が，独占的仲介業者を導入したケース

図表5－4 独占的仲介業者の導入

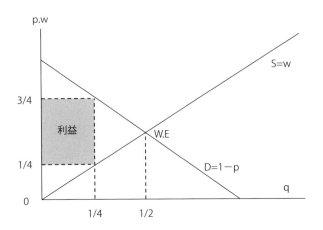

となる。すなわち総計が 3/16 に代わる。当然，社会的総余剰は「死荷重損失」（deadweight loss）が存在するため減少する。社会的な損失がポイントとなるのは，取引による利益に含まれなくなるのを理由とする。税金の例で考えればわかり良い。

死荷重とは，課税や外部性のような市場の歪みから生じる総余剰の減少のことである。そもそもこの「死荷重」は，外部性や税金など，負債（deadweight）などによる重荷による損失ということになる。

ここにおいて仲介業者が得る利潤は，メーカーおよび消費者の両方に，利便性ないし即時性を提供する報償となる。ワルラス均衡と比較するとわかり良い。つまり買い値では，仲介業者が得る利潤の方がワルラス均衡よりも低く，売り値では，仲介業者が得る利潤の方がワルラス均衡より高くなっている。すなわち $w < \frac{1}{2} < p$ から，買い値と売り値はワルラス均衡価格を挟む形となっているのが理解できる。

販売数量は，1/4 となる。当然，ワルラス均衡での販売数量 1/2 よりも少ない値である。

この Spulber [1996] では，ワルラス均衡に到達し，非効率な仲介業者の市場退出は，メーカーと消費者の探索費用が小さくなるにつれて生じる。逆に，探索費用が高く，探索を手控えるケースでは，均衡価格は買い値，売り値が均衡価格から乖離し，非効率な仲介業者も市場に残存することを表した。

近年のこの領域の重要性の高まりから，「サーチ理論」（分権的取引の経済学の研究）が，マーケティング論でも注目されはじめている。その研究内容が多岐に及ぶこともあり，研究はようやく緒についたばかりで，今後のさらなる研究の蓄積が期待される。

第4節　マーケティングにおける動的取引コスト論

動的取引コスト論で言及しているように，技術やダイナミック・ケイパビリティが市場に広く流布している普遍的なものか，あるいはいまだ市場取引では

入手困難で自社の学習で蓄積していくのが効率的であるのかにより，歴史的経過の下で，取引コストと生産コストは変わる可能性があり，結果として企業の境界も異なってこよう。

　とりわけ，この点はICTのような技術革新が激しい分野では問題となろう。また，いかなるイノベーションがそのプロセスで展開するか次第でもある。イノベーションによる動態的な産業構造の変化を考慮すると，静態的な取引コストの比較のみによって，制度の選択ないし企業の境界を論じるのは不十分といえよう。

　Williamson［1975］［1985］の取引コスト論は，機会主義的行動などの人間の諸要因と環境の諸要因の2つの要因によって，取引が一義的に決まる論理体系の内で位置づけられた。それに対し，Langlois and Robertson［1995］，Langlois［2010］は，そうした取引費用が問題となるのは短期的な状況においてのみであると批判し，ケイパビリティ論の観点から，動的取引費用論を提唱する。それは，取引費用をよりダイナミックに捉え，急激な環境変化という状況下でイノベーションに直面している実際の流通を考える際に，より適する概念である。

　その意味で，「動的取引コスト論」は，メーカーが卸売業や小売業などの流通業者と技術協力・合弁事業・共同研究開発・OEMなどの提携的関係を形成する主体的意図を含むアプローチとしても，今後，期待される。補完的をキーワードとし，企業とは補完的アクティビティのコーディネーション形態だと捉えるのが，ダイナミック・ケイパビリティ論による企業間関係である。Langlois and Robertson［1995］，Langlois［2010］の議論は，いわゆる先進経済における企業境界論であったが，近年では企業グループ論を展開している。

　かかる動的取引コスト論は，他社との協力関係を分析対象の一つとし，企業間の連結から生じる（1）提携企業の経験（学習）効果，あるいは（2）相乗（シナジー）効果，としてそれを説明した。それらは，本来ならば市場の外に漏れてしまう外部効果を，流通（たとえば営業所）として企業に内部化するものと解される。

取引コスト論の接近方法は，所与として価格を扱い，その制約条件の下，企業は取引コスト節減を試みるとする。そしてその結果，垂直的統合に説明原理を付与するものと位置づけられる。このように，取引コスト節減から垂直的統合が導かれる枠組みは，新古典派におけるアプローチと同型の原理を包摂していることが確認される。その意味では，取引コスト論も新古典派を乗り越えようとした試みであったものの，結果として，その域を出ていないアプローチであったと考えられる。新古典派では，取引コストがゼロであると仮定していたが，この取引コスト論では，取引コストを強調するあまり，動的取引コスト論で指摘されたように，生産・販売コストを加味していなかった。これはあまりにも現実からは乖離している。

　動的取引コスト論は，主体的な戦略行動たる「マーケティング」をその基底で問うことになっている。そこでの組織間連結の相乗効果としては，「製品差別化」としての価格設定，ブランド付与，製品の質の差別化などの学習コストの削減が想定されよう。これらは「取引コスト論」では所与としていた価格を戦略的あるいは差別的な意図を持って操作したり，質の追求がこれまでの製品分類とは一線を画した新たな市場を創出することを必然的に導く。

　そこにおける「動的取引コスト論」とは，マーケティング論の中心に据えられる「製品差別化」に対応した，「対市場活動」を析出するフレームワークとして位置づけることができる。その意味でこの「動的取引コスト論」は，取引コスト論のように，所与として市場を静態的に認識する，あるいは無名の顧客として認識するものではなく，「対市場活動」として消費者を把握し，それを企業が戦略操作し得る動態と理解するものである。ここにおいて，われわれは「動的取引コスト論」を戦略的・主体的規定因が大きく影響するアプローチと位置づけることが可能となる。

　また，この「動的取引コスト論」は，戦略的提携のような流通システムあるいは企業間関係を分析の対象とし，長くその企業やブランドにとどまってもらうことをも，その分析の対象の中心に据える。

　既存のマーケティング活動が，製品販売をその中心としていたのに対し，そ

の製品に満足した消費者が反復購買してくれるまでをも，マーケティング活動の対象とした側面が，この「動的取引コスト論」の大きな特徴となっている。従来の「規模の経済性」をベースに事業拡大して成長するという，これまでのベクトルが行き詰まりとなったことが，この経験・学習といったダイナミック・ケイパビリティの形成を重要視するという新しいパラダイムの背景にある。製品の販売までをその対象としていた従来の方向性から「動的取引コスト論」という発想に関心が移行しているのは，これまでのマーケティング・パラダイムが非効率となってきているのみでなく，近時のICT革新によって，顧客管理コストが大幅に節減でき，多量の顧客データを個人別にビッグデータとして管理することが，歴史上初めて可能となったからである。そこでは購入データのみならず，健康データ，採寸データなど，多様多種のデータの蓄積を可能としている。

　その意味で「動的取引コスト論」は，取引コスト論が想定する無名の消費者ではなく，でき得る限り1人1人の顔がみえる消費者として認識されているものである。つまり，消費者と企業との新しい関係が模索される中で，新しい「競争」の局面が招来されつつあるのである。

　以上のように「動的取引コスト論」は，企業間の関係性の形成という戦略を内包することで，主体的規定因の影響にその比重を多く求めた接近方法であると言え，マーケティング・システムの構築を説明し得る論拠を提示していると考えられる。

【注】
1）「限定合理性」とは，企業や個人は，利益の最大化を求めて最も合理的な条件での行動を採るが，判断材料としての保有情報量と処理・予測能力には限界があるため，限られた条件の下での合理的判断になってしまうということである。複雑な環境下で情報不足や判断困難に陥ると，合理的判断をしようとするためのコストは高くなってしまう。
2）「機会主義的行動」とは，企業や個人が有利な交渉・取引を進めるために，自分側に有利な情報や相手に不利な情報を相手方に隠したり，積極的に開示しようとはしなかったり，場合によっては裏切ったりする，といった行動を指す。これは，相手

3）これを Langlois and Robertson［1995］は指摘する。
4）オーストリア学派と，この点で，動的取引コスト論の視点（evolutionary insight）は通底すると言えるかもしれない。
5）左辺は限界コストのため，当然，不等号が成立する。すなわち，利益極大化を目的とするメーカーは，限界収入と限界コストを等しくするが，限界収入は必ず価格よりも小さいのを理由とする。
6）なお，価値に関し，最低要求水準があるケースや予算制約があるケースでは，それを考慮に入れなければならない。その場合，本文で述べた動的取引コスト対価値比が最大になる点を採用できないことがある。このように動的取引コストも価値も，各々比較対象システム間で共通な尺度で測定可能であれば（特に動的取引コストと価値とが尺度で測られなくてもよい），希少資源の有効活用という観点から決定を下すことが可能となる。
7）小売業者であろうと卸売業者であろうと，仲介者のボトルネックの発見，そしてそのソリューションが，本章で主張する点である。加えて，社会的アントレプレナー（組織としての企業と NPO の接合も包含）を含め，アントレプレナーにもこの機能を果たす役割がある。この点は，新古典派の均衡概念を認めた上で，その創造と破壊にアントレプレナーの本質を見たシュンペーターの思考枠組みと同じ地平を共有している。

参考文献

Alderson, W.［1957］*Marketing Behavior and Executive Action*, Richard D. Irwin, Inc.（石原武政・風呂勉・宮澤滋朗・田村正紀訳［1984］『マーケティング行動と経営者行為』千倉書房）

Alderson, W.［1965］*Dynamic Marketing Behavior*, Richard D. Irwin, Inc.（田村正紀・堀田一善・小島健司・池尾恭一訳［1981］『動態的マーケティング行動』千倉書房）

Alderson, W. & M. W. Martin［1965］*Toward a Formal Theory of Transactions and Transvections*.

Arndt, J.［1983］"The Political Economy Paradigm: Foundation for Theory Building in Marketing," *Journal of Marketing* Vol.47, No.4（Autumn, 1983）, pp.44-54.

Langlois, R., Robertson, P.［1995］*Firms, Markets and Economic Change*, Routledge.（谷口和弘訳［2004］『企業制度の理論』NTT 出版）

Spulber, D. F.［1999］*Market Microstructure*, Cambridge University Press.

Williamson, O. E.［1975］*Markets and Hierarchies: Analysis and Anti-Trust Implications*, New York Free Press.（浅沼万里・岩崎晃訳［1980］『市場と企業組織』日本論評社）

Williamson, O. E.［1996］*The Mechanisms of Governance*, Oxford University Press.

第6章
脱・既存流通システム

　ここまで,「垂直的統合」を流通・マーケティング論の観点から理論的に検討してきた。

　近時, ICT のバンドリングがもたらした企業間の分断された流通を,(1) 生産から最終消費者に至る一つの一貫したシステム,(2) 消費者等を組み込んだシステム, の観点から再構築しようとする試みがなされはじめている。

　ここにおいて取り上げるテーマは,(1) に関して, これまでの ICT と流通チャネルの考察から導かれた「流通システムの再編」, つまり「システム転換」と「システム構成価値の組換え」の問題である。

第1節　システムの構造と転換

　一般的な数学的構造として流通のシステムモデルを表現する前に, サプライチェーンについて言及しておく。

　生産から消費者に至る一つの一貫したシステムを考える場合, これと合致する実際の動向としては, ユニクロ (ファーストリティリング) に代表される供給連鎖 (サプライチェーン：Supply Chain Management) としての製造小売 (SPA：Speciality store retailer of Private label Apparel) が考えられる。しかし, これらを具体的に検討する前に, そのシステムの構造と転換を俯瞰して考察しておくことは重要である。

　一般に,「明確な目的があり, その目的に沿って展開されたシステム」, 本書においては流通システムの研究の中では, 以下のような基本的な了解を持って

いるとされる。それを確認しておこう。

　通常，受け入れられている流通システムの理解とは，流通システム内の要素間（あるいは元間：ここではメーカー，卸売業，小売業等）の相互依存によって，流通システムに包摂される複雑性が生起するものと把握し，流通システム内の相互関係を同定する方法である。

　対象をどのような関係として理解するかを示すものが，システムモデルとされる。つまり，対象のシステム領域（流通部面）と，成立している要素（メーカー，卸売業，小売業）を表現したものがシステムモデルである。これを実際に明示的に表現する方法はさまざまであるが，最も直線的で一般的な表現の一つは，以下のように数学的構造として流通のシステムモデルを表現することであろう。

1.1　流通システムモデル

【定義1】

　流通システムモデルとして，台集合Mを置く

（1）台集合M上のμ（j）項関数の集合 $\{f_j \mid j \in J\}$，
　　なお，$\mu : J \to N$.

（2）台集合M上のλ（i）項関係の集合 $\{R_i \mid i \in I\}$，
　　なお，$\lambda : I \to N+$;

以上によりMは，

　　$M = \{M ; \{f_j \mid j \in J\}, \{R_i \mid i \in I\}\}$

となる。

　流通領域のどのような関係に着目するかという点により，流通システムモデルMは決定する。これをシステム的観点と呼ぶ。特定の対象（流通領域）に対し，それを理解するシステム的観点は通常，複数存在し，システムモデルM

も1つに確定されえない。なお，もし同じシステム的観点によって複数の対象が理解されれば，同型のシステムモデルが成立する。

そこでは，本書が認識する「流通システム」は，一般的に用いられているシステムモデルに対応することになる。ただし，ここにおいて，流通をシステムと認識する場合，以下の3つの条件を満たしている必要がある。

流通領域が，
1　複数の要素（element）あるいは元（メーカー，卸売業，小売業）の集まりからなる
2　要素間に一定の流通（あるいは相互依存）関係がある
3　全体として秩序性を有する

もちろん，OR（オペレーションズ・リサーチ），制御理論など，流通・マーケティング論以外の領域においても，システム的観点より対象に接近している分野においては，その対象は，形式的には上述のシステムモデルMとして表現可能である。たとえば，入出力システムとして，MI／Oを置く。

　　MI／O＝｛X∪Y；S，X，Y｝

なお，

　　S⊂X×Y，XとYは単項関係

と示される。

本来，流通システムの構造は，システムモデルの性質を生成する基本的な性質の関係であるはずである。基本的な性質の関係は，通常，公理と呼ばれ，システムの形式理論（formal theory）と称されるものは，数理的言語でシステムを構造化する。流通システムの場合，公理的接近方法が枢要であり，必ずしも論理学等により推論まで形式化する必然性はないであろう。

たとえば，伝統的なところでは微分方程式，現在では集合論なども用いられるが，それらはとりわけ「構造」を記述するのに有益となる。もちろん，それ

が流通システムの構造にとって第一義的な意味を持つわけではない。

　流通システムの構造は，システムモデルが特有に持つ言語，つまり，システムモデルの関係 R_i と関数 f_j に対応する関係記号，関数記号と，基本的な性質の関係の集合である公理系とから成る。

【定義2】

　流通システムモデル $M = \{M ; \{f_j \mid j \in J\}, \{R_i \mid i \in I\}$ の構造は，組 $(L ; \Sigma)$ である。ここで，Lは，

　　$L = \{\{f_j \mid j \in J\}, \{R_i \mid i \in I\}$

と表される。

　モデルにおける R_i，f_j は，おのおの R_i，f_j の解釈である。Σ は，一階述語論理の言語とLから作られた論理式の集合で，モデルの公理系とも称される。

　たとえば，流通を入出力システムとして理解すると，入出力システムモデル

　　$MI/O = \{X \cup Y ; S, X, Y\}$，

が得られ，その構造 $(LI/O : \Sigma I/O)$ は

　　$LI/O = \{S, X, Y\}$
　　$\Sigma I/O = \{\phi\}$

　なお，

　　$\phi = (\forall \times y)(S(x, y) \to X(x) \wedge Y(y))$

となるであろう。これはもちろん，その時点での認識のレベルを表現している。

　以上のように流通システムの構造が与えられるとき，構造変動は言語L，あるいは公理系Σの変化として把握される。しかしながら，変動する構造にパラメータをつけて，

$$(L_s : \Sigma_s) \to (L_t : \Sigma_t) \to \cdots$$

と捉えても，パラメータの変化のメカニズムが問題となる。パラメータを外部から設定できるようなケースでは，構造変動の扱いは制御の問題につながる。流通システムでは，制度を制御の問題に絡め，パラメータとして外部から設定することも可能であろう。

　システム認識から得られる視点は，流通に存在するさまざまな仕組みとは，一つ一つが部分最適化して存在するのでなく，それらの仕組みが同時に共存するがゆえに，相互に安定性を維持するという点である。相互に補完し合っている個々の仕組みすべてを包摂した「システム全体：全体最適化」として理解しなければ，部分でしかない一つ一つの仕組みの役割さえ明確にはならないということである。

　換言すれば，一つの流通をシステムとして，つまり流通を構成するさまざまな「仕組みの集まり」と認識した場合，そのあり方は，決して一つの部分最適化ではなく，多様多岐な主体が内在し得るがゆえに，概念的には全体最適化をめざし得るということで，部分最適化から全体最適化への「システム転換」を理解する必要がある。

第2節　システム構成の再編

2.1　サプライチェーンの定義

　現実に，生産から最終消費者に至る一つの一貫したシステムとして把握されるものとして，前段の通り，SPAが考えられるが，ここで重要なのが「部分最適化」から「全体最適化」への「システム転換」である。

　次に，サプライチェーン（サプライチェーン・マネジメント）について述べる前にまず確認しておかなければならないのは，サプライチェーンについての意味である。サプライチェーンそれ自体の定義はそれほど混乱しておらず，「消費者に製品が届くまでの部品供給業者―メーカー・卸売業・小売業などの複数

の企業にまたがる調達,生産,販売,流通といった一連の業務[1]」「原材料・部品のサプライヤーから始まって消費者に製品を引き渡すまでの一連のプロセス[2]」「消費者・小売業・卸売業・メーカー・部品資材サプライヤー等の供給活動の連鎖構造[3]」等に解釈されるのが一般的である。

　サプライチェーンは,企業を超えた連鎖であるアウトバウンド(企業間)サプライチェーンと,購買から販売までの企業内の連鎖であるインバウンド(企業内)サプライチェーンに大別される。拙稿［2004］では,企業内の連鎖をエンタープライズ・サプライチェーンとし,企業間の連鎖をエンタープライズチェーンと呼んで区別した[4]。企業内の連鎖のシームレス化と企業間の連鎖の統合は,もちろん相互に関連している。

　サプライチェーンの定義は,狭義にはMRP(資材所要量計画)やJITに代表される生産管理・在庫管理手法の進化モデルであるとするものから,広義には組織間関係のあり方までも視野に入れたものまで多様多岐にわたるが,サプライチェーン全体を機敏に対応させる経営手法を指すという点では,ほぼ一致しているといえよう[5]。

　本書では,前述したとおり,サプライチェーンの概念に「バリュー・チェーン」の枠組みを重ね合わせ,「価値の創造」に重点を置き,このチェーンを広義に解釈する。

2.2　グローバル垂直的統合：置換・代替

　一般に,既存産業の垂直統合におけるバリュー・チェーンの改変は,前述のとおり,ブルーオーシャン基準に従うと,以下3つに集約することが可能である。

(A) 川上から川下までのバリュー・チェーンのほぼすべてを垂直統合する際,一部を代替・置換する(代替・置換)
(B) バリュー・チェーンを解体して,特定の構成バリューで強みを発揮するためにダイレクトにする(ダイレクト)
(C) 消費者向けに,複数の製品やサービスでバリューを構築するプラット

フォームを形成する（プラットフォーム）

　たとえば，家電産業ではメーカーを中心とした系列が形成されているのに対し，食品産業には農家，卸，仲卸，食品加工，小売といった多様な主体が存在するように，各産業ともバリュー・チェーンの構成の仕方が異なる。
　どのような産業であっても，環境の変化と共に産業全体が非効率になることがある。各主体がサプライチェーンの「全体プロセス」で優位性を保持しているということは稀であり，主体によって，効率的なバリューと非効率なバリューが区分される。
　（A）の場合，各主体の非効率プロセスが産業内に散在することが，産業全体の非効率につながっているがゆえに，バリュー・チェーン全体をいかに組み替えるかという問題が枢要となる。その際，バリューすべてを入れ替えるのは困難なため，一部を代替・置換する。
　また，（B）の場合，主体間の連携が多様多種になるにつれ，産業全体が非効率になる。食品産業の構成バリューごとに，さまざまな課題があるのは周知である。
　産業全体の非効率が深刻になると，構成バリューを変革する主体が台頭する。（A）の産業では次項で紹介する「バリューを統合する」主体が，（B）の産業では第4節で取り上げる「構成バリューを分解して特定のバリューで強みを発揮する」主体が現れる。そして（C）の産業では第7章で取り上げる「複数の製品やサービスでバリュー構築するプラットフォームを形成する」主体が現出する。まずは（A）について検討する。

第3節　製造小売のグローバル垂直統合

3.1　製造小売の概要

　バリュー・チェーンの組み換え方法に関して，最近，流通システムがいかに製品の消長に決定的かを印象づけたのは，製造小売（SPA）の趨勢であった。

通常，産業標準と異なるサプライチェーン方式を採用し，(1) 調達期間，(2) カスタマイズ，(3) プライスの組合せ，によってオペレーション＋αの差別化をする SPA として，JENS，日東電工，GAP，しまむらなどがよく知られている。

本章の研究対象は，製販の間に多段階の流通システムが内在する複雑な繊維・アパレル産業である。かかる繊維・アパレル産業のような多段階の流通システムの産業は，2つの理由で非効率を生みやすい。

1）サプライチェーン全体で，在庫過多の状態となりやすい。
2）販売現場がつかんでいるニーズ変化を，メーカーにフィードバックしにくい。

前者の非効率の理由は，各主体が品切れを恐れ，多めに在庫を持とうとするため過剰在庫となり，その過剰在庫はコスト高を招くため，最終的にはそのコストが最終消費者向けの販売価格に転嫁される。

後者の非効率の理由は，生産と販売の乖離のため，メーカーはニーズを的確に捉えることができず，ニーズから乖離した製品開発をしてしまう可能性がある。失敗作によってメーカーが抱えたコストは，別の製品の価格に転嫁されるから，結局，最終消費者がコストを負担することになる。

以上2つの非効率を解消する，バリュー・チェーン全体を垂直統合する主体が統合する一つがグローバル垂直的統合である。その目的は，消費者のニーズに合致した安価な製品を，需要の変動に応じて柔軟に上市することにある。

本節の事例は，「ユニクロ」である。ユニクロが採用しているサプライチェーンは，GAP のドナルド・フィッシャー会長が 1986 年に発表した製造小売（SPA）である。売上高は 2008 年度には約 6,000 億円であったのが，2013 年度に1兆円を突破し，2017 年度には1兆 8,600 億円まで伸ばし，2018 年度には2兆円を越える見通しである（図表6-1）。現在の日本の小売企業売上高ランキングでは，イオン，セブン＆アイに続く第3位となる。また，営業利益をみて

図表 6 − 1　営業利益と売上高

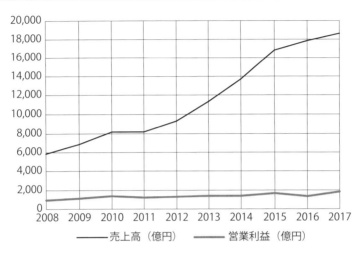

出所：http://www.fastretailling.com/jp/group/strategy

も，2008年度の875億円から2013年度1,329億円，2017年度1,764億円へと増加し，2018年度には2,000億円に達する見込みである。

　その急成長は，店舗数の増加にも見ることができる（図表6 − 2）。2008年度の店舗数は，国内ユニクロ759店，海外ユニクロ54店，グローバル事業（ユニクロ以外のブランド）498店，合計1,311店であったが，2016年度にはそれぞれ837店，958店，1,365店，合計3,160店まで増加した。国内店は横ばいの一方，海外店とグローバル事業が急増したことがわかる。

　サプライチェーンの再構築は，自社製品を最終消費者に届けるバリュー・チェーンの方式を再編することで「提供価値」を変化させ，それを受容する消費者の支持を得て，持続競争優位を得るサプライチェーンである。

　元来，繊維・アパレル産業は体質が古く，卸売業が流通を支配し，小売業は委託販売で返品自由な代わりに，卸売業が「利潤分配」を決定していた。既存メーカーが，流通の始めと終わり，すなわち「企画」と「仕上げ」（2次製造）を握って自社メーカーでやるものの，1次製造は外注を使い，製品流通は「商

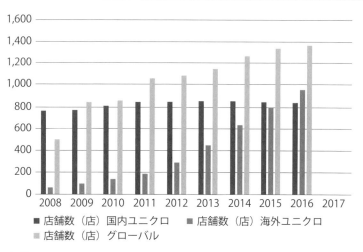

図表6-2　海外国内店舗数

出所：http://www.fastretailling.com/jp/group/strategy

社」，最後の販売は「百貨店」が常識だった。

　これでは小売業は永遠に卸売業の下請けのままである。ユニクロは，卸売業（製造と卸を一貫して行うアパレル企業）との取引をやめ，契約工場に生産委託して直販する方式を再構築した。バリュー・チェーンの置換・代替である。すなわち，繊維・アパレル産業におけるサプライチェーンの製造から小売まですべてのプロセスを，自社で一貫して行う方式に再編した（図表6-3）。

　もっとも，ユニクロは，双日，丸紅などの商社を活用しているし，最近では，住金物産なども活用している。日本国内の物流に関しては三菱商事と，バングラディシュの物流に関しては伊藤忠と提携している。しかし企画・開発，および核となる工場の生産管理，全体オペレーションの統括は，あくまでユニクロが遂行する。この方式にすることにより，店頭から生産までを一貫してコントロール可能なため，「部分最適化」はもとより「全体最適化」を果たしている。すなわち，効果的なオペレーションにより，効率的な生産が可能となる。競合他社が，企画や生産を商社に丸投げするのに対し，ユニクロは，付加価値のな

図表6－3　ユニクロのバリュー・チェーン

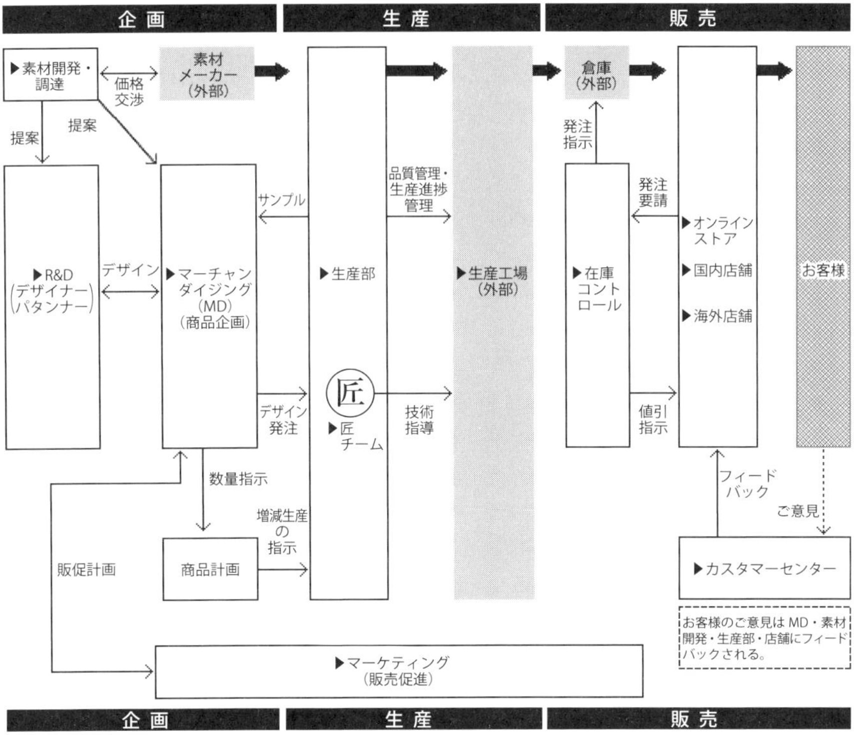
企画
生産
販売
▶素材開発・調達
価格交渉
素材メーカー（外部）
提案
提案
▶R&D（デザイナー）（パタンナー）
デザイン
▶マーチャンダイジング（MD）（商品企画）
サンプル
デザイン発注
数量指示
商品計画
増減生産の指示
販促計画
▶生産部
匠
▶匠チーム
品質管理・生産進捗管理
技術指導
▶生産工場（外部）
倉庫（外部）
発注指示
▶在庫コントロール
発注要請
値引指示
▶オンラインストア
▶国内店舗
▶海外店舗
お客様
フィードバック
ご意見
▶カスタマーセンター
お客様のご意見はMD・素材開発・生産部・店舗にフィードバックされる。
▶マーケティング（販売促進）
企画
生産
販売

出所：http://www.fastretailling.com/jp/group/strategy

い部分のみ商社を活用している。

これにより，在庫コストやリスクが回避されるのみならず，消費者は好みの製品をリーズナブルな価格で選択できるようになり，提供価値それ自体が大きく変化している。

グローバルな垂直的統合を構築し，円高の中で，まずは中国への生産委託を増やした。中国での生産も，最初は出張ベースで現地の工場に委託していたが，2001年に上海に合弁会社をつくって生産と流通を統合した。その後，バングラディシュ，カンボジア，インドネシア，ベトナムでも生産と流通を統合した。

要諦は，ユニクロが製配販を通貫させる製造小売で，生産工場に市場での販売情報・消費者のニーズを直につなげるように，バリュー・チェーンを再編したことである。これに伴い，ユニクロ内部に経験・ノウハウが蓄積されると同時に，消費者の注文どおりの製品が，いつでも入手可能という提供価値の変化をもたらした。このグローバルな垂直的統合による，注文通りの製品が直ちに入手可能という「提供価値」の変化の導出は，業務改善レベルのみならず，バリュー・チェーン全体の構築上も考慮すべき不可欠な動因となっているという文脈理解が可能である。

3.2　生産・流通現象と在庫管理

　かかるグローバル垂直的統合において，ユニクロは，繊維・アパレル産業の既存サプライチェーンのあり方からサプライチェーンの種別を再編したといえる。「種別」を再編するとは，業務改善を行うことではなく，従来とは異なるバリュー・チェーンに再編（置き換え・代替）するということである。

　ユニクロにおけるバリュー・チェーンの「再編」（置き換え・代替）とは，自社社員を各国の工場に駐在させ，自社作業員と在庫を管理し，消費者のニーズに応じた最終加工を行って迅速な納入という消費者ニーズに応えるシステムを構築していることである。これは，サプライチェーンの大幅な置き換え・代替による革新と考えられる。サプライチェーンの再編（置き換え・代替）は「提供価値」をも変化させるが，その要点は「生産・流通現象」と「在庫管理」，以上２つにある。

　まず第１に，生産・流通現象とは，「延期」と「投機」の２つの現象のことである。「延期」とは，製品の生産から消費に至る一連の流れの中で，製品形態の確定と在庫形成を，消費現場に近い点まで引き伸ばすことを意味する。「投機」とは，消費現場から遠い点で，前倒しして製品形態の確定と在庫形成を行うことを意味する。消費の実需を待たずに，正確な需要予測などに基づいた計画的生産によってできるだけ早く生産し，できるだけ早く小売店へ納品する考え方である。

ユニクロを例に具体的に考えてみよう。「延期」とは実需対応や生産・流通の同期化のような意味で，「投機」は予測や計画による仮需対応を意味する。実需対応や同期化を「延期」と呼ぶ理由は，消費者の需要や注文が発生する時点の近くまで，配送や生産を遅らせるからである。そうすることで消費者の望むものを欲しいだけ生産・流通させ，在庫を圧縮し，効率化を図ったり，リスクを小さくするのが，延期の基本発想となっている。

他方，消費者需要や注文に先んじて計画的に生産・流通させる（その意味で投機）ことで，大量で計画的な生産・流通によるコスト・ダウンを狙うのが「投機」である。「延期と投機」という考え方自体は，1960 年代からあったが（Bucklin［1966］）[6]，近年のユニクロの流通や生産の革新が，「延期」現象として説明できるようになった。多頻度小口配送，JIT への対応と考えるとわかり良い。

このように対比させるとわかるように，かつて流通システムでは「投機」が追求されてきた。メーカーは，広告やチャネルを通じて消費者の需要を刺激し，先行的な大量生産・流通に見合う需要を創り出すことで，上手にまわっていた。

しかし現在，そのような方式は通じず，在庫リスクが大きくなったために，さまざまな「延期」の革新が登場してきた。「延期の中の投機現象」である。それは，すなわち実需対応の延期化だけでは，どうしても生産量や流通量が縮小均衡に陥るために，どこかで少し積極的な予測による投機化が必要となってきたのを理由とする。

ユニクロが延期的な SPA を行いながら，フリースや T シャツなどで投機的なマーケティング行動を仕掛けることや，さまざまな機会において品切れによる販売機会の損失への注意を喚起して，やや積極的な投機を推奨したりすることは，その典型といえよう。

第 2 に，「在庫管理」とは，文字通りサプライチェーン上の在庫を保持しておくことがポイントとなる。これにより流通業者が，実需に基づくサプライチェーンを構築することが可能となる。他方，これによって，メーカーのそれが

予測に基づくサプライチェーンとなる側面が現出する。

　これらを再編することにより，バリュー・チェーンは本質的に変化し，消費者にもたらす提供価値の内容を変化させる。サプライチェーンを再編することによる提供価値の変化は，通常，カスタマイズの可能性，調達期間，プライス等のトレードオフの関係にある価値の組合せの変化として起こる。

　たとえば，消費者側に製品を在庫して，販売者側で在庫量を管理するマーケティング・システムのケースは，VMI（Vendor-Managed Inventory の略）と称され，サプライヤーが消費者との間で事前に取り決めた在庫レベルの範囲内で，適切な在庫レベルと在庫ポリシーを決め在庫を補給する。それは小売業でのケースが多く散見されるが，VMI の例としては，海外ではウォルマートと P&G のケースが有名である。1985 年に始まった双方の戦略提携では，P&G のオンタイムデリバリーと在庫回転率の向上に大きく貢献したといわれている。

　消費者は，発注をしない代わりに情報をサプライヤーと共有する必要がある。情報とは，製品の利用または売上げ記録，現在の在庫量，プロモーションなどのマーケティング活動の予定を含む。そこにおけるサプライヤーは，主には以下3点のメリットがある。まず第1に，消費者の受注行動を考慮する必要がなくなり，需要予測が比較的容易になる。結果，不必要な予備在庫を減らすことが可能である。第2に，サプライヤーは予想外の短期需要に応えるための追加の生産コストを減らすことができる。第3としては，ストックアウトの頻度を減らすことが可能で，消費者サービスを向上することが可能である。

　消費者側のメリットとしては，在庫レベルの減少，ストックアウト頻度の減少が考えられる。また，顧客は製品が使われるか売れるまで在庫に注意を払わないと言われていることから，キャッシュ・フローの改善の効果も期待できる。

　カスタマイズの可能性は変化ないが，調達期間が短縮化する反面，メーカーの在庫コストは上昇する。ユニクロのケースでは，これにより調達期間の面では悪化する可能性が高いが，むしろ，在庫がなくなる分と同量だけ，コスト削減が可能となり，カスタマイズの可能性は上がる。このようにして創出された

新たな価値の組み合わせが，結果，それを受容する消費者セグメントの評価を上げ，利益を招来するものと考えられる。

第4節　動的取引コストと持続的競争優位性

4.1　動的取引コスト論の分析

　では，動的取引コスト論の視点から，このユニクロのケースを分析するとどのようになるのであろうか。ダイナミック・ケイパビリティのもとに，これを分析すると，ユニクロが直営による生産活動にこだわった理由が説明可能となる。

　繊維・アパレル産業では，小売業者の直営方式による生産は一般的でない。これまで流通過程の多段階性を有してきた。つまり，製品の企画段階から，生産，流通，販売にかけて，このプロセスでは，メーカー，卸売業，小売業といういくつもの主体が介入してきた。この多段階制の背景には，生産，卸売，小売の各機能を専門とする諸企業間で機能分担がなされてきた歴史がある。

　なお，繊維・アパレル産業では，生産と卸売を一貫して展開する「アパレル企業」という存在は周知である。アパレルの流通システムでは，原材料メーカーという名の卸売業からアパレル企業へ，そしてアパレル企業から小売業へという流通プロセスをとることが多い。すなわち流通プロセスにおいて，（素材メーカーを兼ねる）卸売業と小売業の間にアパレル企業が位置している。もっとも，アパレル企業が生産機能を担っているケースはほとんどない。すなわち，従来，繊維・アパレル産業において生産は，外部工場を活用・利用してアウトソーシングするのが一般的であったのをその理由に置く。

　ではなぜユニクロが，製品の生産ルートを独自に確立し，直営とし，そして上方統合化したのか。ダイナミック・ケイパビリティの観点からこれを考察する。

　かかるユニクロの垂直的統合化の動きは，取引コスト節減原理に基づくものではない。ユニクロのような，パイオニア的な新たな製品を留め処なく企画・

開発し，製造し，そして販売しようとしている企業としては，自社の企画を説明し，それを生産できるほどの生産力，つまり生産ケイパビリティを持つ生産企業を，企業の外側で探しあてるのは，はなはだしく手間暇がかかったからである。

　もっとも，元来，ユニクロはかような生産ケイパビリティを所持していたわけではなかった。そのような中，ユニクロにとって，それができたのは，ダイナミック・ケイパビリティを用いて，既存バリュー・チェーン上の資源を再配置・再利用したり，あるいは再構成し，順次，企画される新製品を生産するケイパビリティを形成して，直営を展開していくか，そのようなケイパビリティを所持するメーカーの市場を主体的に新しく創造するか，だったのである。

　すなわち，小売業が，生産機能を自社で遂行するか，企業の外側にアウトソーシングするための市場を創造するか選択に迫られたユニクロは，前者を選択した。すなわち，ダイナミック・ケイパビリティを活用して，現存の資源を再配置したり，再利用したり，または再構成するなどし，次々と企画される新製品を生産するケイパビリティを形成して，生産を効率的に行ってきた。この場合，取引コスト節減原理ではない。ダイナミック・ケイパビリティによって，企業の境界が決定されたのである。こうして，生産をネットワーク化し，管理するのは困難であったが，ユニクロは最終的に成功したわけである。

4.2　ICT 革新と持続的競争優位性

　注意深く検討すればこれは，主にメーカーのための流通システムであるということに気づくであろう。むろん，卸売業や小売業にとっても，グローバル垂直的統合のサプライチェーンは重要ではあるのだが，サプライチェーン再編の「可動域」として，生産システムにまで着手可能という点で，やはり大規模メーカーが最もその利点を享受する可能性が高いのをその理由とする。

　しかし，アウトソーシング先に対するユニクロの支配力が強力で，事実上，繊維・アパレル版流通系列になっている。ユニクロのバイヤーは，素材メーカーと直接商談し，ユニクロが素材を押さえた上で，製品化を行う。以上の点

を踏まえると，ユニクロは事実上メーカーと変わらない。

では，このサプライチェーンの持続的競争優位性とは何か。やはりそこでは，経済学で制度を論じる際，必ず出てくる歴史的経路依存性が関係してくる。

本来，このグローバル垂直的統合のサプライチェーンは，流通システムやそれを下支えする ICT，外部委託業者など，きわめて複雑で多数のシステム構成者による多重層的な作り込みを不可避とする。この歴史的経路依存性の特質を所持するバリュー・チェーンを再編するには，膨大なコストと時間が不可欠となる。そのため，競合他社は，現存のサプライチェーンに縛られ，自社のバリュー・チェーンの仕組みたるバリューの組合せの再編に着手できないであろう。

加えて，通常，我々は外部から見えやすいところばかりに目がいくが，バリュー・チェーンは競合他社から実は見えにくいところに存在するため，その情報入手がきわめて難しいのも，模倣可能性を低くする要因となる。競合他社による異なったバリュー・チェーンを前提とした参入を防御できるというメリットもある。

最後に，この流通システムを下支えする ICT について言及する。製造小売りでは，ニーズの変化に俊敏に対応する必要性が指摘されて久しいが，特にリアルタイム性としてのビッグ・データも重要となる。

顧客のニーズを把握し，それを企画・開発，生産，販売を含めた諸活動で活用されることが必要となる。その意味で，下支えする ICT は，この流通システムの実行可能要因として位置づけられる。POS に関しても，多種多様な情報の収集・利用が可能となっており，販売履歴情報は，事業活動を通し，日々，ビッグ・データとして蓄積される。その意味でも，POS データに基づく，ビッグ・データの活用が今後，ますます重要となってくるであろう。

【注】
1） 佐久間信夫編［2001］『現代経営用語の基礎知識』学文社，p.81。
2） 岡崎好典［1999］「サプライチェーン・マネジメントに関する基本的考察」『商学研究論集』第 11 号，p.380。

3） 圓川隆夫［1998］「制約条件の理論が可能にするサプライチェーンの全体最適」『DIAMOND ハーバードビジネス』11 月号，p.47。

4） 松岡輝美・船本秀男［1999］「サプライチェーン・マネジメント構築の 4 つのステージ」『岡山商大論集』34 巻第 3 号，p.195。

5） 富野貴弘［2000］「電機企業におけるフレキシブル生産の追及」『商学論集』第 34 巻第 2 号，p.90。

6） Bucklin［1965］"Postponement, Speculation and the Structure of Distribution Channels," *Journal of Marketing Research*, Vol.2, February, pp.26-31.

参考文献

Bucklin, L. P［1965］"Postponement, Speculation and the Structure of Distribution Channels," *Journal of Marketing Research*, Vol.2, February, pp.26-31.

岡崎好典［1999］「サプライチェーン・マネジメントに関する基本的考察」『商学研究論集』第 11 号。

佐久間信夫編［2001］『現代経営用語の基礎知識』学文社。

富野貴弘［2000］「電機企業におけるフレキシブル生産の追及」『商学論集』第 34 巻第 2 号。

松岡輝美・船本秀男［1999］「サプライチェーン・マネジメント構築の 4 つのステージ」『岡山商大論集』34 巻第 3 号。

圓川隆夫［1998］「制約条件の理論が可能にするサプライチェーンの全体最適」『DIAMOND ハーバードビジネス』11 月号。

山下隆弘［1997］『情報化時代のマーケティング』大学教育出版。

第7章
コンテンツ産業の戦略

　本章ではここまで，マーケティング・システムの「価値創造」のために，価値の構成要素の「組換え」を考察してきた。そこにおいては，Kim and Moborgne［2005］の4つのブルー・オーシャン基準を採択した。ブルー・オーシャン基準は，垂直的統合以外に，(1)「取り除いて別の要素を入れる」，(2)「減らす」，(3)「増やす」，(4)「別の要素を増やす」，以上4基準がある。

　マーケティング・システムの観点からすれば，ブルー・オーシャン基準(3)は，「プラットフォーム戦略」と符合する。

　そこで本章では，近年，スマホ対応に力を入れてきたDeNA, Supercell, Zyngaの「プラットフォーム戦略」について検討する。その後，任天堂の「垂直的統合」も考察する。

第1節　ゲーム産業の競争力

　相対的に後退しているとはいえ，日本は依然として世界のゲーム産業の起点であり，国際競争力を保持している。その始祖であり，現在でも日本を代表するゲーム・メーカーである任天堂は，消費者起点から「垂直的統合」を構築することにより，世界で成功を収めてきた。

　その考察の作業の前に，ソーシャル・ゲームで成長してきた，DeNA（日本），Supercell（フィンランド），Zynga（米国）などを軸に「プラットフォーム戦略」について考察する。

1.1 はじめに

スマートフォンの普及がもたらしたソーシャル・ゲーム（代表企業：Zynga, DeNA, Supercell 等）の盛行状況の中，既存の競争力の源泉とは異なった競争力が，現在，瞠目されている。

一般に，このスマートフォンの領域で売買される製品としての「情報」とは，固定費用（Fixed cost）は高いが，複製コストが低い，つまり限界費用が小さい特性を有すると言われている。これらの特性により，独占的なソーシャル・ゲーム企業による価格差別化，製品の垂直統合化[1]が可能になる。

情報財というテクニカル・タームを，本稿でソーシャル・ゲーム領域に適用する際，広義の定義を用いる。ゲーム産業論では，市場取引される限り，いかなる情報も製品（情報財）と理解される[2]。ソーシャル・ゲーム拡大以前から存在するメディア産業が提供する製品，すなわちテレビ，映画などの映像関係，音楽CDなどの音楽関係，新聞・雑誌・図書などの出版物，またソフトウェア，データベース，ゲームソフト，ウェブページ，電子ジャーナルなど，すべて当然，情報財の範疇に入る。以下で，ソーシャル・ゲーム産業の考察を行う。

1.2 ソーシャル・ゲーム企業の自然独占

ここでは，なぜゲーム産業に，強い国際競争力があるのかということについて言及しておくことにしよう。しかし，その前に，ここに言う「競争力」とはいったい何であるのか，ということに触れておく。Kurugman［1995］では以下のように言う。

> 「競争力」という言葉を使う人たちは，ほとんどの場合，その意味を深く考えてはいない。企業間の競争から国の競争を類推するのは当然であって，アメリカが世界的市場で競争力を持っているかどうかを問うのは，ゼネラルモーターズが北米のミニバン市場で競争力を持っているかどうかを問うのと，基本的には何の違いもないと考えている。

これは，Kurugman［1995］において，クリントン政権の経済ブレーンを批判したいわくつきの論文である。日本のゲーム産業に「国際的競争力」があるというとき，この「競争力」とは何を指すのであろうか。端的に言えば，製品の「国際競争力」がある企業が，多数存在していることに他ならない。われわれは，ここではとりあえず「競争力」をこのように端的に捉えてもよいと思われる。

　その意味で，グローバル企業，任天堂は，当然のことながら，DeNA, Supercell, Zynga といった企業に競争力があると考えて問題なかろう。当然，その競争力には，マーケティングにおけるプライシング競争も含まれる。製品の質が同じであれば，当然，プライシング競争となる。しかし企業にとって，マーケティングのプライシング競争は壮絶なコスト競争で，個々の企業にとっては負担となる。もちろん，そこでは，Langlois & Robertson［1995］の経験コスト・学習コストの効果もプライシングの構成要素に含めてよい。

　そのため初期参入企業を含め，ソーシャル・ゲーム産業での情報財の生産への「誘引」は極端に下降する。そこではソーシャル・ゲーム産業において市場競争に敗れた場合，莫大な「固定費用」分が損失へと転化され，情報財の製造がハイリターンではなく，ハイリスクに取って代わる。

　通常，初期投資等の固定費用が大きく，生産が Langlois & Robertson［1995］の言う経験コスト，学習コストを削減する「規模の経済性」を持つとき，長期平均費用曲線が右下がりになる。ソーシャル・ゲームのような産業では，複数の企業で需要を共有した場合には，固定費用が各企業で必要となるため非効率的となり，1つの企業が需要を独占した方が，総費用が小さく効率的な生産となる。

　ソーシャル・ゲーム産業では，市場競争に基づいて限界費用と一致するように価格が決定すると，新規の参入企業は赤字となる。それは需給均衡が，平均費用曲線が右下がりのところで実現する産業となるために，平均費用が常に限界費用を上回っているのを理由とする，そのため，参入は抑制されることになる。当然の結果として自然独占が発生する。この赤字以上に，ソーシャル・ゲーム産業が存在することによる社会全体の利益が大きい場合，ソーシャル・

ゲーム産業に対して政府が価格規制を行うことは通常ない。ゆえに，1社による自然独占を許可することが最適という形になる。

1.3 3つのマーケティング・モデル

　一般的な産業の「競争力」とは性格を異にする上段の特徴を理解すれば，ソーシャル・ゲーム産業の競争が見えてくる。仮に，製品・サービスの差別化以外に，価格における差別化が適切であれば，総余剰を減少させずに，企業余剰の継続が可能となる。通常，ソーシャル・ゲーム産業は，マーケティング・モデルに関しては，"垂直統合化"の甚大な影響により，巨大なソーシャル・ゲーム企業を台頭させやすい特徴を持つ産業と理解できる[3]。現在，ソーシャル・メディア企業が，ソーシャル・ゲーム事業に乗り出している状況下，現在の典型的なマーケティング・モデルは以下3つに集約される。

① DeNA型マーケティング・モデル（提携による収入）

　　現実に典型的なソーシャル・ゲームモデルが，DeNA型マーケティング・モデル（提携による収入）である。このソーシャル・ゲームモデルは，会員制収入以外に，アプリケーションが稼働する「プラットフォーム」という側面を持っている。これにより，「ライセンス許諾を受けたメーカー」・デベロッパーは，オープン化されたAPIを利用することで，多様なアプリケーションを会員向けに開発し，そこで有料アイテム等，バーチャルグッズを販売し，莫大な収益となっている。DeNAは，すべてオープン化されており，そこから課金売上が計上される仕組みとなっている。

② Twitter型マーケティング・モデル（データ提供などによる収入）

　　近年，顕著となってきたものが，日本で2010年にブームが本格化した「Twitter」を収益基盤としたTwitter型マーケティング・モデルである。現時点ではTwitterに顕著であるが，検索エンジン運営企業（Google, Bing）に利用者から投稿されたデータを定期的に提供し，その対価を収入

源とするモデル（データ提供等による企業からの収入）である。ゲーム，検索，広告，エレクトロニック・コマースにとってFacebookが独占しているソーシャルグラフは，極めて重要なデータであり，その対象と成長の伸びしろの大きい可能性を持つマーケティング・モデルである。

③　Line型マーケティング・モデル（広告スポンサー企業からの収入）
　『LINE：ディズニー ツムツム』や『LINE ポコパン』などのLine Gameのスタートは2012年。顧客属性やサイト内行動履歴分析により，精緻な広告表示を行うターゲティング広告も含め，アクセス数の多いウェブサイト，Line等の主要収入源となっている広告売上は，ソーシャル・ゲーム企業において非常に重要な収益源である。このような広告スポンサー企業からの収入を得るLine型マーケティング・モデルは，競争の中でその存在感を増している。

以上3つが，典型的なマーケティング・モデルとなる。

第2節　Supercell型ソーシャル・ゲーム産業のマーケティング・モデル

　以下では，前節第1にみたSupercellのようなソーシャル・ゲーム企業と補完関係となる「ライセンス許諾を受けたサードパーティ」の存在を考えてみよう。インターネット接続の第3者は，消費者がアクセスするウェブサイト上に広告等を配信する第3者となるが，ゲーム産業における「ライセンス許諾を受けたメーカー」とは，開発事業とパブリッシャー（販売事業）の両方を社内に持っているほとんどの企業を指す。日本国内であれば，バンダイナムコHD等の巨大規模の企業を想定すればわかり良い。このバンダイナムコHDは，スマホに上手に適用し，業績をのばしている。
　次に，これら企業間の戦略提携の効果に関して「時系列」の視点から，マー

ケティング分析モデルで考察する。双方の戦略提携を（1）事前マーケティング・モデル，（2）事後マーケティング・モデルの2段階に分けてモデル化した後，その効果を考察する。

2.1 事前型マーケティング・モデル

まずは，企業1，2の市場での競争により実現するプライスおよび製品の質を所与として，補完的に価格の最適化を行う企業3の存在を検討する。ソーシャル・ゲーム産業における各企業の役割を想定し，以降は，Supercellのようなプラットフォーム提供のソーシャル・ゲーム企業を企業1，2，「ライセンス許諾を受けたメーカー」販売企業のようなソーシャル・ゲームコンテンツ提供企業を企業3とする。「ライセンス許諾を受けたメーカー」販売企業3は，所有するソーシャル・ゲームコンテンツに関して自然独占であると仮定する。

これは第1節の1.1でみたように，ソーシャル・ゲーム産業は自然独占が働きやすい特徴があるのをその理由に置く。仮に，企業1と2の競争により実現されるプラットフォーム（インターフェイスにより消費者bのソフトウェア（コンテンツ）利用を可能とする場）の価格および品質が，p, x で，企業3の提供するソーシャル・ゲームコンテンツ価格が t_3 であるとき，消費者は

$$w^c \equiv w^c(p + t_3, x) = \alpha(p + t_3) - \beta x \tag{7.1}$$

で定義される価値をもとに，ソーシャル・ゲームコンテンツを需要すると仮定する。このとき $p + t_3$ および x の関数として定義できるが，ここではこれまでの議論と同様に線形関数であることを仮定し，

$$q^c \equiv q_3^c(p + t_3, x) = -\alpha(p + t_3) + \beta x + \gamma \tag{7.2}$$

で与えられるものとする。他方，ソーシャル・メディアコンテンツ事業者3は，

$$\begin{aligned}\pi_3 &\equiv \pi_3(t_3 \mid p, x) = t_3 q^c - F \\ &= t_3 \{-\alpha(p + t_3) + \beta x + \gamma\} - F\end{aligned} \tag{7.3}$$

で示される利潤関数を最大化するように，ソーシャル・メディアコンテンツの価格 t_3 を決定するものとする。ここで固定費 F に関して，

$$F < \frac{q^{M2}}{\alpha} = \frac{4\phi^2\alpha(\gamma - \alpha\varepsilon)}{S} \tag{7.4}$$

であるとする。この前提条件は，プラットフォームの価格品質の値にかかわらず価格 t_3 を最適化することにより，企業3は必ず正の利潤をあげることができることを保証する。実際，ソーシャル・ゲームコンテンツ等の製作費は極めて安価であり，仮定は容易に満たされていると考えられる。このケースでは，企業3の利潤最大化問題（Content）

$$\begin{aligned} &\underset{t_3}{\text{Max}} \quad \pi_3(t_3 \mid p, \text{x}) \\ &\text{s.t.} \quad \pi_3 \geqq 0 \text{ and } t_3 \geqq 0 \end{aligned} \tag{7.5}$$

には必ず内点解が存在し， p, x の値に依存して，

$$t_3^* \equiv t_3^*(p, \text{x}) = \frac{-\alpha p + \beta \text{x} + \gamma}{2\alpha} \tag{7.6}$$

$$p + t_3^* = \frac{\alpha p + \beta \text{x} + \gamma}{2\alpha}$$

$$w^c(p + t_3^*, \text{x}) = \frac{\alpha p - \beta \text{x} + \gamma}{2} \tag{7.8}$$

$$q^c(p + t_3^*, \text{x}) = \frac{-\alpha p + \beta \text{x} + \gamma}{\alpha} \tag{7.9}$$

となる。次にプラットフォーム事業者の戦略を考える。ここでは，ソーシャル・ゲームコンテンツ配信事業者が問題（Content）を解いて利潤の最大化を図ることを，プラットフォーム事業者はすでに知っていると仮定するシュタッケルベルク型のゲームを考える。

一般性を失うことなく，ソーシャル・ゲーム企業1の戦略を考える。今，ソー

シャル・ゲーム企業 2 を経由したソーシャル・ゲームコンテンツが w_2^c の価値を持っているものとする。この条件下でソーシャル・ゲーム企業 1 が解を

$$w_1^c = \frac{\alpha p_1 - \beta x_1 + \gamma}{2} \tag{7.10}$$

にする戦略をとったときの需要が，(1) 式と同じく $q_1^c(w_1^c \mid w_c^2)$ で表されるものとし，企業 3 の提供するソーシャル・ゲームコンテンツ以外に対する需要は無視するものとすると，企業 1 の最適戦略は，$D^c \equiv w_2^c - \delta$ ($\delta > 0$) と置くと，C-Duopoly の問題は，

$$\underset{p_1, x_1}{\text{Max}} \quad \pi_1^c(p_1, x \mid \pi_2^c) \tag{7.11}$$
$$\equiv (p_1 - v x_1 - \varepsilon) q_1^c - \phi_1 x_1^2 - f_1$$

$$\text{s.t.} \quad \frac{\alpha p_1 - \beta x_1 + \gamma}{2} \leq D^c,$$
$$\pi_1 \geq 0, \ p_1 \geq 0 \ \text{and} \ x_1 \geq 0 \tag{7.12}$$

を解いて最適解 p_1^*, x_1^* を求めることに帰着される。問題 C-Duopoly は，問題 Duopoly の場合と同様に解くことができる。ここでは D^c が，企業 1 がプラットフォーム事業者として独占である場合の最適戦略下での価値 w^{cM} よりも小さい場合のみについて考える。問題 Duopoly の場合と同様，ここでは企業が適切なプライシングをすることによる正の利潤をあげられる場合，すなわち p_1 に関して内点解のある場合について議論するために，

$$2D^c - \gamma - \alpha \varepsilon > 0 \tag{7.13}$$

と仮定する。すなわち品質改良にかかわらない変動コストの値は，相対的に大きくないことを仮定しておく（現実的にも，たとえば通信サービスにおいては，基本的なオペレーション費用がこの費用項目に相当するが，やはり相対的には軽微なものであり，仮定を満たしているといえる）。この時，ラグランジュ未定乗数法を用い，以下の結果を得ることができる。

（1） $T \geq 0$ のケース

$$p_1^* = \frac{2D^c - \gamma}{\alpha} + \frac{BT(\gamma - D^c)}{2\phi_1 \alpha^2}, \quad x_1^* = \frac{T(\gamma - D^c)}{2\phi_1 \alpha} \tag{7.14}$$

加えて，p_1^*, x_1^* を（4）-（7）に代入することにより，

$$t_3^* = \frac{\gamma - D^c}{\alpha}, \quad p_1^* + t_3^* = \frac{D^c}{\alpha} + \frac{BT(\gamma - D^c)}{2\phi_1 \alpha^2}, \tag{7.15}$$

$$w_1^{c*} = D^c, \quad q_1^{c*} = \gamma - D^c \tag{7.16}$$

$$\pi_1^{c*} = \left(\frac{2D^c - \gamma}{\alpha} - \varepsilon + \frac{T^2(\gamma - D)}{2\phi_1 \alpha^2} \right)(\gamma - D^c) - f_1 \tag{7.17}$$

$$\pi_3^* = \frac{(\gamma - D^c)^2}{\alpha} - F \tag{7.18}$$

2.2 事後型マーケティング・モデル

ここでは，プラットフォーム事業者1とソーシャル・ゲームコンテンツ配信事業者3の独占的提携を考える。ソーシャル・ゲームコンテンツ配信事業者3は，1と提携し定型価格でコンテンツを提供する一方，同質的なプラットフォームを提供する事業者2を通じて利用する顧客に対しては，より高いソーシャル・ゲームコンテンツ価格を課し，その利用を排斥することによって，提携企業 {1, 3} は事実上，プラットフォーム部分も含めた独占市場状態を作り出すことができる。このとき，プラットフォーム事業者1を経由してソーシャル・ゲームコンテンツを利用する際の提携価格を p_{13} とすれば，提携企業 {1, 3} は最適化問題（C-Monopoly）を解くことになる。

$$\underset{p_{13}, x_1}{\text{Max}} \quad \pi_{13}(p_{13}, x_1)$$
$$\equiv (p_{13} - vx_1 - \varepsilon)(-\alpha p_{13} + \beta x_1 + \gamma) - \phi x_1^2 - f_1 - F \tag{7.19}$$
s.t. $\quad \pi_{13} \geqq 0, \quad p_{13} \geqq 0, \quad \text{and} \quad x_1 \geqq 0$

コストとして,新たにソーシャル・ゲームコンテンツに関する固定費 F が組み込まれたこと以外は,プラットフォーム事業者が単独で自然独占時の問題を解くことと同構造であることを看過してはならない。この問題を解くことで,以下の結果を得る。

(1) $T \leq 0$ のケース

$$p_1^* = \frac{2D^c - \gamma}{\alpha}, \quad x_1^* = 0 \tag{7.20}$$

さらに,p_1^*, x_1^* を (4)-(7) に代入することにより,

$$t_3^* = \frac{\gamma - D^c}{\alpha}, \quad p_1^* + t_3^* = \frac{D^c}{\alpha} \tag{7.21}$$

$$w_1^{c*} = D^c, \quad q_1^{c*} = \gamma - D^c \tag{7.22}$$

$$\pi_1^{c*} = \left(\frac{2D^c - \gamma}{\alpha} - \varepsilon \right)(\gamma - D^c) - f_1 \tag{7.23}$$

$$\pi_3^* = \frac{(\gamma - D^c)^2}{\alpha} - F \tag{7.24}$$

(2) $T \geq 0$ のケース

$$p_{13}^* = \frac{2\phi\{(\gamma + \alpha\varepsilon) + (v\gamma - \beta\varepsilon)T\}}{S_1}, \tag{7.25}$$

$$x_1^* = \frac{(\gamma - \alpha\varepsilon)T}{S_1} \tag{7.26}$$

すなわち,

$$w^{c**} \equiv \alpha p_{13}^* - \beta x_1^* = \gamma - \frac{2\alpha\phi_1(\gamma - \alpha\varepsilon)}{S_1}, \tag{7.27}$$

$$q^{c**} \equiv \gamma - w^{c**} = \frac{2\phi_1\alpha(\gamma - \alpha\varepsilon)}{S_1}, \tag{7.28}$$

$$\pi^{c**} \equiv \pi_{13}^* = \frac{\phi_1(\gamma - \alpha\varepsilon)^2}{S_1} - f_1 - F \tag{7.29}$$

（3） $T \leq 0$ のケース

$$p_{13}^* = \frac{\gamma + \alpha\varepsilon}{2\alpha}, \quad x_1^* = 0 \quad \text{したがって,} \tag{7.30}$$

$$w^{c**} \equiv \alpha p_{13}^* - \beta x_1^* = \frac{\gamma + \alpha\varepsilon}{2\alpha},$$

$$q^{c**} \equiv \gamma - w^{c**} = \frac{\gamma - \alpha\varepsilon}{2\alpha}, \tag{7.31}$$

$$\pi^{c**} \equiv \pi_{13}^* = \frac{(\gamma - \alpha\varepsilon)^2}{4\alpha} - f_1 - F \tag{7.32}$$

2.3　効果の考察

　企業側から見た提携効果の比較にあたっては，提携に関して事後の企業 {1, 3} の利潤と事前の企業 1 と 3 の利潤の和との差，すなわち，

$$\Delta\pi = \pi^{c**} - (\pi_1^{c*} + \pi_3^*) \tag{7.33}$$

の正負を考える。$\Delta\pi > 0$ ならば，1 と 3 の双方とも事前よりも利潤が大きく

なるように提携利潤を双方の企業に配分可能となるのを，その理由とする．他方，消費者側から見た提携効果の比較については，事前後での価値の差，

$$\Delta w = w^{c*} - w^{c**} \tag{7.34}$$

の正負を検討する．

（1）$T \geq 0$ のケース

$$\Delta \pi = \pi^{c**} - (\pi_1^{c*} + \pi_3^{*})$$
$$= \frac{\phi_1 \alpha (\gamma - \alpha \varepsilon)^2}{4\phi_1 \alpha - T^2} - \frac{(\gamma - D^c)^2 T^2}{2\phi_1 \alpha^2} - \frac{(2D^c - \gamma - \alpha \varepsilon)(\gamma - D^c) + (\gamma - D^c)^2}{\alpha} \tag{7.35}$$

ここにおいて，$T^2 = y$ と置き，$\Delta \pi$ を y の関数とすると，

$$\frac{\partial^2 \Delta \pi}{\partial y^2} - \frac{2\phi_1 (\gamma - \alpha \varepsilon)^2}{(4\phi_1 \alpha - y)^3} - \frac{2\phi_1 (\gamma - \alpha \varepsilon)^2}{S_1^3} > 0 \quad \text{なお,}$$

$$y^* = 4\alpha \phi_1 - \frac{\sqrt{2} \phi_1 \alpha (\gamma - \alpha \varepsilon)^2}{\gamma - D^c} \quad \text{において,} \quad \frac{\partial \Delta \pi}{\partial y} = 0 \tag{7.36}$$

となるから，$\Delta \pi$ は $y = y^*$ で最小値をとり，y に関して凸な関数であることがわかる．よって，$y = T^2$ の値が y^* より大きくなるにつれ，企業側から見た提携効果は増大する．つまり，より品質弾力性の方が大きいようなソーシャル・ゲーム産業では，提携により企業利潤を大きく確保することが可能なことがわかる．

一方，価値の差については，

$$\Delta w = w_1^{c*} - w^{c**} = D^c - \gamma + \frac{2\alpha \phi_1 (\gamma - \alpha \varepsilon)}{S_1}$$
$$= D^c - \gamma + \frac{2\alpha \phi_1 (\gamma - \alpha \varepsilon)}{4\alpha \phi_1 - y} \tag{7.37}$$

であるので，

$$\frac{\partial \Delta w}{\partial y} = \frac{2\alpha\phi_1(\gamma-\alpha\varepsilon)^2}{(4\alpha\phi_1 - y)^2} > 0 \quad \text{であり,かつ } y = 0 \text{ のとき} \quad \Delta w = \frac{2D^c - \gamma - \alpha\varepsilon}{2}$$

となり，$\Delta w > 0$ となる。これにより，すべての $T \geq 0$ において，顧客から見た提携効果は増大し，かつ品質弾力性がより大きい場合には，さらにその効果は大きくなることがわかる。

（2）$T \leq 0$ のケース

$$\Delta\pi = \pi^{c**} - (\pi_1^{c*} + \pi_3^*)$$
$$= \frac{(\gamma-\alpha\varepsilon)^2}{4\alpha} - \left(\frac{2D^c-\gamma}{\alpha} - \varepsilon\right)(\gamma - D^c) - \frac{(\gamma - D^c)^2}{\alpha} \tag{7.38}$$

このとき，(7.38) を評価すると，

$$\frac{\partial \Delta\pi}{\partial \alpha} = \frac{-(2D^c - \gamma - \alpha\varepsilon)(2D^c - \gamma + \alpha\varepsilon)}{4\alpha^2} \tag{7.39}$$

が成り立つ。よって，$\frac{\partial \Delta\pi}{\partial \alpha}$ となる。すなわち，価格弾力性が顕著なほど，企業から見た提携効果は減少する。他方，顧客から見れば，$T \leq 0$ であるすべての T について，

$$\Delta w = w_1^{c*} - w^{c**} = \frac{2D^c - \gamma - \alpha\varepsilon}{4\alpha^2} > 0 \tag{7.40}$$

となり，提携は顧客にとって正の効果をもたらす。しかし，その値は α に関して反比例しており，価格弾力性が大きくなるにつれて，提携による消費者への還元は減少する。ゆえに，価格弾力性が相対的に大きい場合，提携は企業，顧客とも必ずしも効果的な戦略ではないことがわかる。なお，T の正負にかかわらず，

168

$$\frac{\partial \Delta \pi}{\partial D^c} = \frac{T^2(\gamma - D^c)}{\phi \alpha^2} + \frac{2D^c - \gamma - \alpha \varepsilon}{\alpha} > 0 \qquad (7.41)$$

であることを看過してはならない。すなわちプラットフォーム事業者の競争が激しく，均衡時の D^c が小さいときほど提携の効果は小さくなる。このことは，非提携時のプラットフォーム事業者の競争が激しいときほど，逆にソーシャル・ゲームコンテンツ配信事業者は，その競争効果を利用して独占的に大きな利潤を確保することができることを示唆している。

第3節　任天堂の垂直統合

3.1　戦略のコントロール

現在，スマホという身近な端末と基本プレイ無料という敷居の低さを背景に，「モバイル用」でのゲーム産業の市場規模が拡大している（図表7－1）。

図表7－1　プラットフォーム別の国内ゲーム市場規模

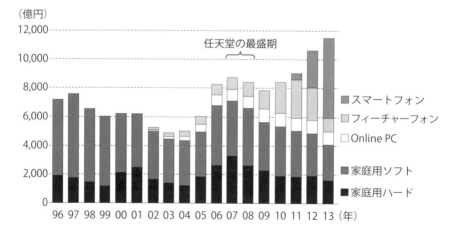

出所：コンピュータエンターテイメント協会『CESA ゲーム白書』各年版。

当然ながら，モバイル用にシフトしたゲーム・メーカー（ガンホーやコロプラなどの新興事業者やバンダイナムコH等）が業績を伸ばす一方，家庭据置用ゲームの剛の者，任天堂は「ニンテンドーDS」（2004年発売），「Wii」（2006年発売）の大ヒット後の売上不振で，2012年3月期に赤字に転落，3期連続赤字となっている（図表7－2）。

「家庭据置用」ゲームと「モバイル型」ゲームの争いが激化している中，将来この産業がどのようになるかを検討するにあたって，任天堂が，市場参入時，いかに垂直統合を構築していったかをここで考察する。任天堂が，家庭据置用ゲーム市場に参入したのは，業務用ゲーム事業から手を引き，ゲーム＆ウォッチで得た資金を投資し，販売したファミコン発売時（1983年）である[4]。

家庭用ゲーム機が普及していなかった市場参入時，任天堂からすれば，まずは消費者に家庭据置用ゲームのソフトの内容そのものを認知してもらうことが重要であった。そのため早期に，興味を引く家庭用ソフトを提供することが，

図表7－2　任天堂の連結売上高推移

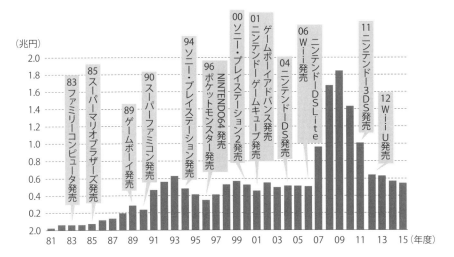

出所：コンピュータエンターティメント協会『CESAゲーム白書』各年版。

任天堂の戦略の柱であり，ハードはソフトの付随品と考えていた。消費者が欲しいのはハードではなくソフト，プレイしたいソフトがあるから，そのためにハードを買う，あくまでハードは副次的なものであるという理解となる[5]。

また当時，他のゲーム・メーカーがハード機器を高価格で販売する中，任天堂はプライシング戦略に力を入れていた。「止むを得ず購入するハード」の高価格販売は困難と認識し，低価格販売（1万4,800円：対比2万4,000円，アタリ社VC5）に踏み切った。この時期に，競争優位の源泉であるハードの低価格販売を可能にした背景には，

（1）ハードが高価格な一方，ソフトは5,800円と高めに設定し，そこからロイヤリティ等の収入獲得
（2）家庭用ゲームが普及・浸透するまでは，過去，業務用人気ゲームであった「ドンキーコング」「マリオブラザーズ」等のソフト投入
（3）市場導入期に，ハードを低価格で販売して垂直的統合し市場シェアを奪うと同時に，サードパーティソフトをライセンス制として利益を得る収益構造

以上3つの理由からである。

ゲーム機のようなシステム間製品は，ハード販売前に，それに付随するソフト販売に関する戦略を構築しておく必要がある。ここで任天堂が考えたのが，囲い込み戦略，すなわち任天堂のハードでしかゲームできないソフトを上市し，消費者がそのソフト使用で満足を得られれば，リピーターとなる戦略である。

任天堂が「ソフトで儲ける」ビジネスを設計するにあたって，重要な肝は，消費者のソフト反復購買の消費行動にあった。商品開発を行う前に最初に行わなければならないことは，ターゲット（標的市場）の選定である。なぜなら，どの市場のどんな顧客ニーズを満たす商品を開発するかを決めなければ，商品開発はできないからである。たとえ，技術シーズ（技術の種，技術的なアイデア

や特許など）を基に商品開発しても，顧客ニーズを満たし，反復購買してくれなければまったく売れない商品になってしまうからである。

そのため，任天堂はソフトの質に徹底的にこだわる消費者像を標的として想定し，サードパーティ・ディベロッパーに対し，以下4つを厳守させた。

① 品質基準の条件設定

任天堂が品質管理者として，実際にサードパーティのソフトを精査し，基準をクリアーして初めて発売可能という厳しい品質管理力を保持していた。

② サードパーティ・ソフトのライセンス制

ソフト開発力に力をおく任天堂は，自社以外に，ソフトの高い開発能力を保持しているサード・パーティと戦略提携を行っていった（当初はハドソン，ナムコ，ジャレコ，カプコン，タイトーなど大手のみ）。

③ ソフト販売数の厳守

ソフト販売数厳守のため，任天堂は，ソフトハウスとの間で「OEM生産」の契約を締結した。

ソフトハウスが，任天堂のOEM生産（最低発注数1万本）をし，任天堂から買い取る（1本2,000円の前払い）方式となっていた。また任天堂は，並行して下請メーカーにも製造委託した。その理由は，ソフト販売数を制限するために生産の主導権を任天堂が握るためである。

④ ハードにおける核の部分の共同開発

ハードの核となる部分は単独開発（垂直統合）でなく，共同開発体制を採用した。プロセッサとして，リコーとカスタムチップを共同開発して高性能化し，他社の模倣を困難とした。

任天堂は，自社工場を持つことで生じる維持コストゼロのまま，自社製品を量産でき，かつノウハウを提供することで，さながら自社工場のように生産の注文を行うことができる。ソフトハウスとは，ソフトウェアパッケージの開発やソフトウェアの受託開発を主要業務としている企業である。一般的にソフトハウスというと，自社開発のソフトウェアを販売する企業を指す場合も少なく

はないが，企業からソフトウェアの開発を受託する企業を指す場合のほうが多い．本書のケースは後者である．

ソフトハウス自体は，ソフトウェア開発を行う技術者さえ確保できれば，設備投資や先行開発投資がほとんど不要であり，容易に会社を設立できることもあって，小規模ながら多数の企業がビジネスを展開している．これらのシステムを構築することで，徹底したソフト品質の向上・維持によって，製品の値崩れを防いだのである．

替え刃部分を知財で守って 1 社独占，ではなく，サード・パーティを幅広く活用するオープン型のものであった．ただしそのコントロールを，ライセンスやゲーム内容の事前審査により厳しく行ったので，セミ・クローズド型ともいえるであろう（今のアップルと同じ）．

3.2　流通システムの構築

任天堂は，他方，販売網をも組織化して行った．

花札やプラスチック・トランプの製造メーカー任天堂は，元来，そのための販売網として卸売業者（初心会）64 社をすでに組織化していた．据置型ゲーム市場参入においても任天堂は，この卸売業者（初心会）にのみ製品を卸す納品・販売網を確立した．すなわち，ソフトハウスは，初心会にしか，任天堂から買い取った製品を卸すことはできない仕組みである．

任天堂によるこの流通システムの整備により，卸売業者は，任天堂に有利な条件も呑むこととなった．理由は，任天堂からの出荷停止を防ぐためである．この影響として，以下のように考えられる．

卸売・小売業者に在庫整理による低価格販売をさせないことで，企業イメージの保持と値崩れ防止を同時に行った．この流通網への交渉の担保とされていたのが，「過去の任天堂のハードウェア市場での迅速な成功ノウハウ」，すなわち Langlois & Robertson [1995] の主張した「ケイパビリティ」の蓄積である．それは具体的には，導入期の垂直統合による市場占有率の先取・保持の経験などである．

任天堂はなぜ，組織化を川上・川下に展開するのか。この動きを，上流から下流に至るシステム上でのソフトウェアの「品質管理」と捉えたのでは，判断を誤る。任天堂の狙いは，利潤の確保・拡大にある。ファミコンは，1983年の発売半年後から急激に売上を伸ばし，1984年で200万台以上の売上を誇る膨大な利益を招来した。ソフトウェアも681万本売上の「スーパーマリオ・ブラザーズ」(1985年，任天堂)，205万本売上の「プロ野球ファミリースタジアム」(1986年，ナムコ)，150万本売上の「ドラゴン・クエスト」(1986年，エニックス)と大ヒットが続き，任天堂の売上高は1990年，3,000億円となった。1987年，発売5年で売上も利益も4倍となった。

　任天堂は，生産の「ソフトハウス」等と流通の「初心会」等の双方を押さえて，垂直統合の組織化を強化し，石原武政［2000］で言う「売り手の交渉力」と「買い手の交渉力」の両方を構築した。帰結として，「企業イメージ維持」と「値崩れ防止」により，自社が圧倒的利益を上げる垂直統合を構築したのである。

　知的財産を基盤に独占の形ではなく，サードパーティを幅広く活用するオープン型の垂直統合が，任天堂のそれであった。もっともその管理を，ソフト内容の事前評価や許可制によって厳格に行ったので，セミ・クローズド型の垂直統合といえるかもしれない。その意味では，現在のアップルと同じ垂直統合といえる。「ケイパビリティ」としては，自社内に「ハードとソフトの両方の開発力を持つ」ことで，ハード投入時に「自社ソフトで売上を引っ張る」ことを可能にした。

　アタリ社のハード機VCSでは，自社内に両面を保有していなかったので，劣悪なゲームソフトの氾濫を起こしてしまった。その前提には，ディファクト・スタンダードが取れないかもしれないハードウェア対応の専用ソフトは作れない事情がある。

　加えて，ハードウェアの核の領野に関しては，アップル同様，共同開発のシステムを遂行した。プロセッサに関して，カスタムチップをリコーと共同開発を行った。それは，市場取引（水平統合）でも，組織取引（垂直統合）でもない。

このカスタムチップは高性能で，競合他社の安易な模倣を防御するものであった。もちろん，R&D 費も莫大であり，100万台売上が出ないとペイできないほどの額を投資した。

任天堂は，自社とその関係者，ユーザーが安心して投資し利益を享受できる「エコシステム」としてのプラットフォームを作り上げた。任天堂は，このマーケティング・モデルの構築によって，ゲーム市場を席巻した。

3.3 動的取引コスト論からの接近

前述したように，Langlois & Robertson［1995］は，企業が保有するケイパビリティ（capability）において「他社と違ったものを持つこと」に着目して理論モデルの構築を試みた。ケイパビリティとは，企業が保有している能力で「他社との異質性」が重要となる。任天堂は，「任天堂システム」として知られる独自のケイパビリティを持っている。このシステムにみられるように，ケイパビリティの事業は，そこに定着しているルーティン，つまり「事業のやり方」に根差していることが多い。ソフト開発会社や卸売業者との長期的関係といった任天堂システムを構成している。

最も重要なのは，任天堂の自社内でケイパビリティとして両利き，すなわち，「ハード開発力だけでなく，ソフト開発力」を醸成しているということである。

これにより，ハード投入時の1983年，自社ソフトで引っ張る力があったため，この時期を耐えることを可能とした。アタリのVCSは，この自社ソフト開発力，有力ソフト企業を呼び込む力がなかったゆえ，自滅した。通常，浸透しないかもしれないハード用の専用ソフトは作らない。なぜならそれは不確実性があまりにも高いからである。

その意味で，任天堂のケイパビリティの実態は，一つ一つの要素ではなく，それらを織り込んで統合して動かしていくための，多種多様なルーティンにある。要素は模倣可能であっても，システム全体を模倣することは困難となる。その意味で，ケイパビリティのカギは「模倣困難性」にある。任天堂が長い期間をかけて織り込んできた「事業のやり方」は，とても多重層的な体系となっ

ている。一つ一つの様相は小さなことかもしれないが，それが多重層的に入り組んでケイパビリティを構築している。競合他社の視点からは，どこをいかようにすれば，任天堂のような強みが入手できるかわかりにくい。多重層な体系なので，「すぐには真似できない何か」を持っていることが，他社との「違い」となるのである。

通常，企業が自社内でソフト開発を行うことを事業として選択した場合，そのソフトの開発に不可欠なケイパビリティが内部に経営資源としてない場合，外部から調達する必要が生じる。しかしながら，そのケイパビリティの模倣が仮に難しい場合，そのケイパビリティのトランスファおよび活用に伴うコスト，すなわち動的取引コストが生じることになる (Langlois & Robertson [1995])。ケイパビリティは，それを保持していないものにとって，容易にそれを模倣できないケースでは，動的取引費用は当然，高くなる。

1983年当時，任天堂は，既存市場に存在しない新製品の企画を行うが，開発機能のケイパビリティを当時，所持していなかった。そのため，任天堂は，ソフト開発を自社内で行うか，ソフト開発企業に委託するかの選択に迫られていた。

通常どおり，開発部門の内部化を行う場合，前段のように開発ケイパビリティ調達のためのコストが当然生じる。任天堂にとって，開発機能のケイパビリティが習得困難であったので，その習得のためのコストも大きくなるため，積極的に外部委託を進めた可能性は否定できない。

任天堂が，ケイパビリティとしての生産能力（有能性），すなわち任天堂が他社の開発能力を模倣可能なケイパビリティが低ければ，他社との交渉・調整・教育コストよりもケイパビリティ開発の費用は高くなるため，任天堂はソフト開発企業に頼り，ソフト会社に開発機能を委託したものと考えることができよう。競争環境の変化が激化すればするほど，他社のケイパビリティの有能性は高まるであろう。

第４節　結に代えて

　本稿ではまず，プラットフォームに関する分析として，ソーシャル・ゲーム産業を研究対象に，その有効性を検討してきた。ソーシャル・メディアの進展に伴う「ソーシャル・ゲーム」等の新動向を嚆矢として，急速な進展を遂げつつある現代の「プラットフォーム戦略」における分析モデルでは，情報財の売買は経済効率の点で，市場競争と同じく効果的な帰結を招来することを指摘した。情報財を販売するソーシャル・ゲーム産業において，企業の誘引を継続し最大総余剰を導くのが，ソーシャル・ゲーム産業の特徴たる自然独占である。今後，ソーシャル・ゲーム産業においてZyngaやDeNA等を軸とする新グローバル企業群のM&A等により，大きな余剰が社会に招来されるであろう。

　しかしながら，この分析モデルに問題がないわけではない。独占ソーシャル・ゲーム企業の市場支配力が，社会公正の問題に歪みを生じさせる可能性は高い。マーケティング理論的には，独占ソーシャル・ゲーム企業による総余剰独占による分配原理が問題となるのである。現実には，独占ソーシャル・ゲーム産業への「コンプリートガチャ禁止法」の2012年適用例などを想定するとわかり良い。

　加えて，このモデルでは，一般に消費者は個人であり，企業に対して同等の交渉力および影響力を持つことは困難にもかかわらず，分析ではこれを理論的に説明できていない。そして，消費者にとって，支払い意思額が決まっていないケースにおいては，過度な高価格販売あるいは，支払額での販売の峻別がつかない。これを分析では，消費者の支払い意思額を外生的に取り扱う。ここに大きな理論的瑕疵が見られ，それらを他の流通・マーケティング戦略理論で補う必要性が生じる。

　また，任天堂の垂直的統合分析は，知的所有権を盾に，ゲームソフト開発を自社独占とするのでなく，サード・パーティを幅広く活用するオープン型を採択した任天堂に，動的取引コスト論からアプローチした。他方，その開発のオ

ペレーションを綿密に，ライセンスやゲーム内容の事前審査等のシステム構築によって，現在のアップル同様，セミ・クローズド型ともいうべきシステムを構築した点を，本章では高く評価する。

【注】
1) 「垂直統合化の効果」のほかに，製品同士の補完性の効果も含めれば，主軸製品へ垂直統合化する企業の評価はいっそう大きくなる。
2) Shapiro and Varian［1999］では「情報財を財としての情報として捉え，情報財には物財にない特性として，追加一単位を生産して配布するコストが限りなくゼロに近く，他者に伝達しても自分の手元に残るとし，いかなる情報も市場取引されているならばそれは情報財」と定義する。
3) この他に，ソーシャル・ゲーム市場でのネットワーク外部性も看過できない。
4) それまでは，日本ではゲームセンターなどの業務用アーケードゲームや，「ゲーム＆ウォッチ」などのハードとソフトの一体型ゲームが一般的であった。
5) アタリの成功のカギでもある「オープンなソフト開発と多数のソフトハウスの参入」であった。アタリがオープンなソフト開発を推進していった結果，ソフトハウスが乱立し，粗悪な品質のソフトが市場に出回った。まさに「悪貨は良貨を駆逐する」がごとく，市場では粗悪なソフトの氾濫によって値崩れが起き，良質なソフトの価格にも影響を及ぼした。良質なソフトを開発するソフトハウスの意欲はそがれ，ソフトの品質が全体的に低下した。結果，消費者はゲームという商品自体に不信感を抱くようになり，ゲーム産業の衰退が始まったのである。アタリおよびアメリカのゲーム産業の失敗を横目で学んだ

参考文献

Kim, W. C. and Mauborgne, R.［2005］*Blue Ocean Strategy: How to Create Uncontested Market*, Gildan Media, LLC.

Kurugman, P.［1995］*Peddling Prosperity: Economic Sense and Nonsense in an Age of Diminished Expectations*, W W Norton & Co Inc.

Langlois, R., Robertson, P.［1995］*Firms, Markets and Economic Change*, Routledge.（谷口和弘訳［2004］『企業制度の理論』NTT出版）

Shapiro, C. and Varian, H. R.［1999］*Information Rules: A Strategic Guide to the Network Economy*, Harvard Business School Press.（千本倖生（監修）・宮本喜一（監訳）［1999］『ネットワーク経済の法則：アトム型産業からビット型産業へ』IDG）

第8章
結論と今後の課題

第1節　結　論

　ここまでの議論で明確なように，ICT革新のわれわれの流通・マーケティングへの影響はきわめて広範囲に及ぶ。しかも，そこにおける影響が過去見られない消費行動を促しながら，それらに対応する企業のマーケティングとしてのチャネル活動に大きな変容をもたらしつつある。

　そこでは流通・マーケティングの見地に立脚すると，とりわけ，スマートフォンやソーシャルメディア（フェイスブックやツイッターなど）の高性能化と普及の影響により，流通もまた新たな段階（円環型システム）に入ったと考えられる。

　本書では，それを「第3次流通革命」と称した。第1次流通革命（1960年前後），第2次流通革命（1990年前後）との間には30年の隔たりがあった。次の第3次流通革命は，2次から30年後の2020年前後（国内オムニチャネル元年が2014年）であると本書で述べた。

　もちろん，それは，消費行動が大きく変わってきたことに起因する。いつでもどこからでも，たとえ店舗の内にいても，欲しい時に，欲しいものをすぐにスマホで購入することが現在，可能となっている。また企業による広告，ないしは企業の店舗で商品を検討するのではなく，他人という名の「消費者」の口コミを参考にし，消費者そのものである自分も，情報を発信することが可能となった。

　これらは，これまで見られなかった消費者の顕著な行動である。たとえば，多くの消費者がインターネットを活用して製品購入を行っているだけでなく，

消費者自身のアイディアや知識，表現の情報発信で，顧客（ないしファン）を囲い込み，大きな利益を得ている消費者が急増している。

「消費者が顧客を囲い込む」。これまでなかった現象である。

このように，従来の流通からの脱構築が必須の段階において，われわれは，いよいよ新たに消費者起点のマーケティング・システム構築が希求されている。既存の「マス」をベースとした流通観から，「個」客をターゲットとして捉えながら同時に，消費者をもマーケティング・システムに組み込む「円環型ベースの流通観」というパラダイム転換である。それを主客融合と捉え返せば，「プロシューマー型市場」の発掘とそこでの新たなマーケティング・システムの道具立てと創り込みが要請される。

かような見地に立脚することにより，消費者に対する新たな価値提供としてのソリューション提供が可能となり，これも必須の課題となる。すなわちICT革新がもたらした「コンテンツ」の賞味期限の急速な短期化といった難題，換言すれば，コンテンツ主義からの脱却が盛行されることになった。

ここにおいては，次世代の流通産業とは，既存流通の原理の有効性が減ると同時に，消費者がビジネスの主役に躍り出るマーケティング・システムが構築されるのを，次世代流通システムと考えた。つまり，われわれは今現在，既存の流通はその有効性が減ってきており，また流通システムもその機能が崩壊しつつあり（ZOZOTOWNの試着・採寸サービスの衝撃），同時に消費者はプロシューマーへと進化する，という第3次流通革命を眼前で直面しつつある過渡期と推考した。

それゆえ，われわれにとっては，約30年ぶりの流通革命に立ち会っている現在，既存流通システムからの脱構築の視点で，文脈を踏まえたビジョンの形成を展望した。新たなオムニチャネル現象への既存の流通・マーケティング研究者のアプローチは，オムニチャネルの本質を見誤り，「チャネル・スイッチの管理」の問題か，ないしは，「スイッチングを可能とする技術」の問題に落とし込む。すなわち，店舗小売業者とネットチャネルの「スイッチング」の管理，その管理範囲を可能とする新技術の限界を考察する。

米国のオムニチャネル研究者の鋭敏なアプローチに頻繁にあるのが，このような研究上の2つの課題をクロスさせ，たとえば，製品や小売のカテゴリーの

形成と変容の考察とし，企業側と消費者側の両面からカテゴリーの拡張を捉える，とする。ニーズの連続と非連続，技術の連続と非連続のマトリックスを記述して，その枠組みによってカテゴリー拡張のダイナミックスを捉える。

　なるほど，オムニチャネル提供のために，連携するあらゆるチャネルにおいて顧客や商品などのニーズを技術管理の視点から，ネットとリアルのスイッチングを問題とする論理構成技法である。

　しかしながら本書で示したように，その本質は，既存分析の延長線上の「スイッチング管理の個別対応」にはない。その深淵に存するのは，サーバー概念の埋め込みによる，既存の流通機能からの脱構築の視点で，文脈を踏まえた展望を描くことにあろう。

　すでにオムニチャネルが求められているのは，店舗小売とネットとの連携という視点ではない。

　自動運転の環境下，「高速道路」を在庫のための倉庫として利用する壮大な発想もあれば，

1）電子書籍やデジタル TV といった「メディア」から，ゲームやクイズで消費者情報を入手する動きも明らかになってきている。
2）缶ジュースといった「商品」そのものや「自販機」それ自体を流通システムにする動きも出ている。
3）さらには「自動車」も流通システムになり得て，これらの流通システムから消費者情報を得てマーケティングをすることになる。顔認識自体もほぼ完成していると言ってよい。

　本書は，俯瞰したパースペクティブに留意しながら，全体としての問題構成法，およびそれによって捉えられた現代および次世代の流通・マーケティングがいかなるものであるかについて理論的に考察した。さらに本書は，現代流通像の現在を，その構造と動態において描き出すための次段階として，これまでの ICT と流通システムの考察から導かれた現代の「流通システムの再編成」，つまり「システム転換」と「システム構成価値の組換え」の問題について論及した。これは，

流通に存在するさまざまな仕組みを一つ一つの「部分最適化」から，相互に補完し合っている個々の仕組みすべてを包含した「全体最適化」への転換を指す。
　そこでは，現時点でのマーケティングの最新理論が，現実に近い流通のメカニズム研究に進みつつあることを示した。もちろん，これが最終的な理論的枠組みではない。インターネットを嚆矢としたICTの進展のスピードは極めて速く，その影響は大きい。そのため，その変化を捉えた理論も多様化してきている。したがって，理論の対象範囲を見直すと同時に，それぞれの領域でこれまでの理論の構築方法を抜本的に刷新し，どのようなマーケティング論が，ICTの進展によって導かれた新たな流通現象の分析という立場を逸脱せずに，かつ最も現実との整合性が高いかを検討していかなければならない。
　さらに，対象範囲や目的達成のための手法は，経営環境や技術革新の整備状況によって変化していく。ICTによって実現したオムニチャネルの領域では，制度関連のインフラは急速に整備されよう。このため，対象範囲や手法をフェーズの転換後に，もう一度見直さなければならない接近方法を確立しておく必要があろう。

第2節　今後の課題

　限定された情報を処理する力しか，人間は持ち得ていないが，近代的なコンピュータを超える存在であるところに，レゾンデートルがある。価値を認識することによってこそ，複雑な環境から情報を収斂し，豊穣な内面体系を構成することが可能となる。
　また感度的基盤としての超・価値の枠組みを，手探りで手繰り寄せながら，巨視的な「創造と破壊」の動態を繰り広げることが可能であるのも人間である。かかる過程の内で，人間は，自身と自身の世界を自ら創りかえるという，スケールの大きいフレキシビリティを揮うのである。
　以上の見地に立脚すると，既存の流通・マーケティング論は，矮小かつ固定的な人間観を採択してきたと言えまいか。人は，与件として目的関数ないし選好順序を所持することを当然視され，利潤極大化あるいは効用極大化を反復する「マシーン」として定式化されてきた。しかしながら，社会科学が直面する喫緊の危機を踏まえ

ると，人間に関して，その目的，行動，価値，認識に関する，より深淵を踏まえた地点から再度，出発する必要があるであろう。現代のマーケティングに対する失望の一つは，かような「視点」を欠いた学問的拡散状況から派生しているように思われる。

このように，従来の流通・マーケティング論は，近代的な実証科学として自己確立するのを目的とし，形而上学的概念を排して，実際に観察可能な対象に視野を局限しようとしてきたと言えよう。その背後においては，消費者が選択行動あるいは購買行動に際して直面する機会集合とその消費行動の結果に関して持つ評価の分析に限られた面があったのは確かである。この消費者が直面する機会集合については多少とも客観的観察が可能であるとしても，各消費者が抱く評価，つまり選好については主観の側に属するものであって，直接には観察不可能であり，ここにおいて，現実の消費者の選択・購買行動からその背後にある選好関係にまで遡及することは難しい。

その意味で，現代の社会科学は単なる「科学のための科学」としての存在でもなければ，ただ単に「道具としての科学」を目標に置いているわけでもない。人類生存の科学として，「人間のための科学」の視座が希求されるゆえんである。

「技術としてのマーケティング」に対し，価値も加味した「社会科学としてのマーケティング」の再生がそれである。「成長のための成長」たる高度経済成長の時代はとうに去り，人間の価値観をどう形づくるか，次世代の価値をどのように発展させるか，世界に稀な少子高齢化社会の進行の中で，どのように，人間と自然の物質代謝を展開するか，がグローバルに問われている。生産力のみに光を当てた人間の活動の進化は，質的に次世代のフェーズには到達し得ないであろう。

ゆえに，現代のマーケティングは，かつての如く形式的固定的なフレームワークの内で，そのただ単なる理論の延長戦上で営まれる線形の状況にはない。特定の時代に了解されている「科学的」と称する方法に固執する限りにおいて，科学の新たな進展がアカデミックに抹殺される危険性をわれわれは看過することはできない。したがって，これまで支配的な流通・マーケティング論が切り捨ててきた多様なものにこそ，新たな息吹を吹き込み，その意義を求め，それを第3次流通革命の今こそ，改めて照射してみる必要があると考えられる。

あとがき：IoTからIoAへ

　近時，とりわけ，流通・マーケティングに影響を与えているのは，デジタルマーケティングとIoT（Internet of Things），ビッグデータなどである。
　「IoT」を簡単に表すと，「Amazon Dash」や「Amazon Echo」などさまざまなモノがインターネットでつながる技術である。特定の空間内で，モノがインターネットに接続され，情報交換をして相互制御する仕組みである以上，当然，流通・マーケティングに大きな影響を与えると考えられる。
　たとえば「Amazon Go」のような無人店舗にとどまらず，現在，人の身体的特徴や行動パターンといった「生体データ」を活用した新たなサービスが，小売業の分野で広がっている。身に着けやすい小型端末や，精度の高い画像センサーなど，ICTの高度化が背景にあり，健康管理や事故の削減，販売戦略の強化などでビジネスチャンス拡大が期待されている。すでに，洋服，家具，メガネ，靴などの分野で，センサー技術やスキャン技術により「寸法」が容易となっている。
　加えて，流通や小売業の分野において，画像解析技術の活用も進んでいる。NECは，スーパーなどの店舗内カメラから，来店者の行動を可視化して分析する「人物行動分析サービス」の販売を開始している。カメラ画像から来店者の性別や年代に加え，店内の回り方や棚の前に立ち止まった時間の長さなどが識別できるという。時間帯ごとの来店者数の推移や，立ち止まった場所を長さごとに色分けして示す。
　従来は購買実績の分析が中心であったが，行動分析によって，何も買わなかった客の情報も収集でき，より効果的な店舗のレイアウト設計やキャンペーンの実施が可能となる。個人の特定につながる顔の画像は記録しないため，個人情報保護法の規制には該当しないという。
　また最近では「IoT」からさらに進化した「IoA」（Internet of Ability）が注目

を集めている．特徴は，人を媒介する必要が必ずしもなく，モノ同士，直接通信を行ったり，人が介在せずモノがインターネットにつながって，人にサービスを提供する点である．東京大学情報学環の研究に「フライングヘッド」と称し，空飛ぶドローンの映像を人間が装着しているヘッドマウント・ディスプレイへ流し，人間への影響を考察するマーケティング・プロジェクトがある．IoAの場合，人間の動きに応じてドローンの動きを追従させることも可能である．つまり，ドローンの動きをコントローラーでなく，人間の動きによって制御させる．

これにより，人間はさも自分が空を飛んでいるような仮想体験が可能となる．人間の周りをドローンが飛んでいると，そこには自分が映し出され，いわゆる体外離脱体験も現在可能となっている．

このようなICTの革新と普及が，既存流通に大きな影響を及ぼすことは想像に難くない．だが，その過渡期に立つわれわれは，いまだその影響全体を体系的に理解するに達していない．文字通りICTとは，技術である．それにより，流通が運営されているわけでは当然ない．要点は，ICTがどう進展していくかということよりも，それが流通・マーケティングの仕組みや構造をどのように変えるかということにある．

ICTにより，次々と展開する新たな流通・マーケティング現象を，アド・ホックに追求するのみでは，振り回されてしまう．それだけに，かような目まぐるしい変化の時代においては，流通・マーケティング活動の深淵にある仕組みの根幹を，今一度，原点回帰で捉え返す方が，実は枢要であると考えられる．

先人の深い思索と精緻な仕事に依拠したぶれない基柱を領得すれば，表層の出来事のみを見て咀嚼できない状況から解放され，一見複雑で非合理に見えるさまざまな現象を，道筋を立てて考えることが，必ずやできるであろう．

本書は，現在進行しつつあるICTの革新と普及が，流通もしくはマーケティングに与える影響を理論的な側面から検討することを意図したものである．理論それ自体のフレームワーク，内容を，読者が踏まえて理解するのみでなく，理論の現実的背景，その含意に関しても考え，それに加えて，理論を土台に，より深く実際の問題と「見る眼」を養うのに，本書がいささかでも資すれば幸いである．

《著者紹介》
大驛　潤（おおえき・じゅん）
　メリーランド大学卒業。東京大学大学院博士後期課程退学（単位取得）。経済学博士。
　東京大学助手，九州大学大学院特任准教授，スタンフォード大学大学院工学研究科客員准教授を経て，現在，東京理科大学経営学部・大学院経営学研究科教授。

（検印省略）

2018年6月26日　初版発行　　　　　　　　略称―流通市場

流通・市場・情報
―システムと戦略―

著　者　大驛　潤
発行者　塚田尚寛

発行所　東京都文京区　株式会社　創成社
　　　　春日2-13-1
　　　電　話 03（3868）3867　　ＦＡＸ 03（5802）6802
　　　出版部 03（3868）3857　　ＦＡＸ 03（5802）6801
　　　http://www.books-sosei.com　振　替 00150-9-191261

定価はカバーに表示してあります。

©2018 Jun Oeki　　　　組版：ワードトップ　印刷：エーヴィスシステムズ
ISBN978-4-7944-2529-4　C3034　製本：カナメブックス
Printed in Japan　　　　落丁・乱丁本はお取り替えいたします。

―――― 経営・マーケティング ――――

流通・市場・情報 ―システムと戦略―	大驛 潤 編著	2,300 円
現代マーケティングの基礎知識	嶋 正／東 徹 編著	2,300 円
マーケティングの新視角 ―顧客起点の戦略フレームワーク構築に向けて―	有吉秀樹 著	1,800 円
消費入門 ―消費者の心理と行動，そして，文化・社会・経済―	佐野美智子 著	2,500 円
グローバル・マーケティング	丸谷雄一郎 著	1,800 円
ブランド・マーケティング研究序説Ⅰ	梶原勝美 著	3,800 円
ブランド・マーケティング研究序説Ⅱ	梶原勝美 著	4,200 円
ブランド・マーケティング研究序説Ⅲ	梶原勝美 著	3,600 円
マーケティング・ブック	小川純生 著	1,600 円
商品化戦略の基礎	寶多國弘 著	2,800 円
現代消費者行動論	松江 宏／村松幸廣 編著	2,400 円
ITマーケティング戦略 ―消費者との関係性構築を目指して―	大﨑孝徳 著	2,000 円
経営情報システムとビジネスプロセス管理	大場允晶／藤川裕晃 編著	2,500 円
eビジネスの教科書	幡鎌 博 著	2,200 円
企業経営の情報論 ―知識経営への展開―	白石弘幸 著	2,400 円
経営戦略の探究 ―ポジション・資源・能力の統合理論―	白石弘幸 著	2,700 円
環境経営戦略の潮流	高垣行男 著	2,600 円
現代組織の構造と戦略 ―社会的関係アプローチと団体群組織―	磯山 優 著	2,500 円

（本体価格）

―――― 創成社 ――――